一流になりたければ、エリートより落ちこぼれに聞きなさい

白柳雅文

あさ出版

はじめに

僕の人生は、人に迷惑をかけてばかりだった。

――昭和58年　18歳の夏

「お前ら何やっとんのや！」

僕は仲間と一緒に、あの〝24時間テレビ（日本テレビ）〟が行われている武道館の2階席を歩いていた。

「MICKEY'S《ミッキーズ》」（僕が当時属していた暴走族チームの名前）と書かれた大きな旗に、これまた「MICKEY'S」とデカデカ書かれた、スイングトップ（ゴルフ用ジャンパー）というスタイル。そんな男たちが25人もいたのだから、当然目立ったのだろう。

明らかにその筋の方とわかる格好をした50代男性が、扇子で仰ぎながら近づいてきた。

さらにその後ろから、若い衆らしき2人がついてきた。

目がガッツリ合ったその瞬間から乱闘が始まった。

といっても、私たちのほうが人数が多かったから圧勝だったが。

騒ぎに気づいた警備の人たちが止めに入り、乱闘が収まったかのように見えた、そのときだ。


「何やってんだ、コラ～ッ」


ドスのきいた大声が聞こえた。

目を向けると、数十人の男たちが階段を駆け上がってくる様子が見えた。

愚連隊なのか暴走族なのか、特攻服を着ている。

負けてなるものかと、私たちもすぐに応戦した。

上から攻撃できる僕たちは優勢だった。

持っていた大型の旗を丸め、その棒で上から突っついて落とすヤツもいた。

とび蹴りが見事に決まり、階段を転げ落ちたヤツもいた。


「会場封鎖してくださ～～い！　会場封鎖!!」

「ここは善意の人の集まりです。やめてくださ～い」


警備員が大声で叫んでいたが、気にせず戦った。

やがて、すごい数のパトカーのサイレン音が聞こえてきた。

ようやく僕たちは掴《つか》み合いの手をはなし、それぞれ散っていったのだった。


後日、テレビを見ていた人間から聞いたところ、

「ただ今、会場で乱闘騒ぎを起こしたバカ者たちがいるそうです。残念ながら会場をしばらく封鎖することになりました。本当に迷惑なことです」

と、徳光和夫アナが画面に向かってアナウンスしたらしい。

もちろん、あとにも先にも、こんな24時間テレビはなかった。


著者ブログ「24時間テレビ　乱闘シリーズ」より――

なんてバカなことを、と思ったかもしれない。

そのとおりだ。徳光さんにも言われた。

言い訳する言葉もない――。


僕は人さまにこんな迷惑なことばかりやっていた、落ちこぼれの中の落ちこぼれだった。

あれから25年。

善意の人が集まる場所でこのようなことをしていた私が、いまでは社員数百名を抱える会社の社長をやっている。

超エリートと言われる人たちと一緒に様々な活動をしている。

人生どうなるかわからないものだ。


なにも特別なことをしたわけでも、難しいことをしてきたわけでもない。

誰でもできるようなことをしてきただけだ。

ただ、考えが変わったおかげで行動が変わり、人生が変わってきたのだ。

本書では、かなりの落ちこぼれだった僕が変わるきっかけとなった経験を紹介している。読んでくださったみなさんが今、抱えている悩みや苦しみから抜け出すうえでの何かのヒントになれば、心豊かな人生を送っていただくうえで少しでもお役に立てたら、そう願いながら書かせていただいた。

「暴走族のような社会に反する行為をしてきた者が偉そうに」と感じる人もいるだろう。そのことについては、ちゃんと受け止めていきたいと思う。

最後に、このような機会をいただいたあさ出版　佐藤和夫社長、編集担当の星野美紀さんに、この場を借りて心より感謝申しあげます。

二〇一四年夏

白柳　雅文

CHAPTER 1
人は誰でも幸せになれる？

CHAPTER 2
落ちこぼれでも成功できる9のルール

CHAPTER 3

ビジネスの成功は思いつきと思いきり

CHAPTER 4 勉強ができなくてもいい人脈はできる

CHAPTER 5

良いも悪いもすべて自分次第

PROLOGUE

白柳雅文という人間について

東京都八王子市。

新宿から電車で1時間弱離れた地方都市。ここが僕のホームタウンだ。

歌手の北島三郎さんが大邸宅を構えている街、松任谷（荒井）由実さんの実家がある街、または解散してしまったがファンキー・モンキー・ベイビーズ（ファンモン）のホームタウン、というとイメージできるだろうか。

そんな街に僕は生まれ、泣き、笑い、学び、一生懸命に働いてきた。会社を経営して26年の一経営者だ。

ただひとつ人と違っているのは、僕が暴走族のアタマ（リーダー）だったことだろう。

「はじめに」で書いた、24時間テレビの事件のようなことは日常茶飯事だった。

社長業を四半世紀ちょっとやってきて思うことがある。

お金もなければ、学（歴）もなく、暴走族のアタマをやっていたような僕が、社長をこうして続けていられるのは、さらには各界の著名人である大先輩やエリートと呼ばれる人たちと共に仕事をさせていただいたり、公私でお付き合いさせていただくことができていたりするのは、どうやら暴走族時代に叩き込まれたことが大いに役立っているようなのだと（もちろん、それだけではないが）。

エリートの人たちからするとありえない人生経験が、かえって落ちこぼれだった僕にとって強みとなっているといってもいいかもしれない。

つまり、エリート人生を歩んでこなかったとしても、考え方、生き方次第では、同じステージに立つことが可能だということだ。


本書では、僕がこれまで生きてきた中で知りえたこと、出会った素晴らしい人々に教わってきたことを紹介しているのだが、その前に、白柳雅文という人間がそもそも何者なのか、これまでにどんな人生を歩んできたのかについて、お話ししたい。

＊＊＊

僕が生まれた家は、とてつもなく貧乏だった。食べていくのにも困るほどで、学校で集金があるたびにおふくろが四苦八苦していたものだ。

親戚の家の庭にあった〝離れ（少し大きな小屋のようなもの）〟を借りて、家族４人で住んでいた。

雨が降ると、天井に遠足で敷くビニールシートを張って雨漏りをしのいだ。あまりに雨が激しい夜は、それでも雨水が落ちてきてしまうので、おふくろが夜中に起き出して、僕の布団の上に別のビニールシートをかけ、そこに溜まった雨水を取ってくれていた。このとき、おふくろは泣いていた。僕もそんなおふくろの姿がつらくて、布団を頭までかぶってバレないように息を殺して泣いた。

親父《おやじ》もおふくろもマジメに働いていることだけは、子どもながらにわかっていたから、文句こそほとんど言わなかったが、貧乏生活がつらく悲しくなかったと言ったらウソになる。傷ついたこともたくさんあった。

中学生になった僕は不良の仲間入りをした。

グレたのではない。男気の世界に憧れてのことだ。

強くなりたかった。

頼りがいのある、本物のかっこいい男になりたかった。

自分の力を試してみたかった。

「1番」になりたかった。

当時の僕にとって、「1番」になるべき場所、つまり、強いヤツが集まる場所、それが不良の世界だっただけだ。

この頃、八王子市内の中学校のほとんどで、校内トップの番長グループを決める戦いが繰り広げられていた。さらに中学校同士での戦いもあり、最終的に八王子の中学生の中でのトップグループが決まった（八王子には当時25校ぐらい中学校があり、各校にだいたい20～30人くらいの、いわゆる「つっぱり」と呼ばれる不良がいた。つまり、750人くらいの個人戦、25校による団体戦が行われていたことになる）。

戦い（抗争）に勝つために悪いこともさんざんやった。やられたら当然やり返したし、やられる前にこちらから仕掛けたこともある。

毎日のようにケンカに明け暮れていた。

ただ、誓って言うが、本当に強い奴（グループ）を決める戦いだったから、弱い者いじめや関係ない人に危害を加えるようなことだけはしなかった。


中学を卒業した年の夏、地元、八王子の老舗暴走族〝八王子ミッキーズ〟に入り、19歳でグループのアタマとなった。

信じてもらえないかもしれないが、暴走族は、規律と上下関係と礼儀にとても厳しい世界だった。

挨拶はもちろん、規律と礼儀は守る、先輩への気遣いや敬いは当たり前、約束は絶対、間違えたら素直に謝る、一度、引き受けたことからは絶対に逃げ出さない。

仲間や後輩がヘマをやらかせば、連帯責任で先輩から容赦《ようしゃ》なく殴られた。言い訳は許されなかったから、理不尽に怒られたことも何度もあった。

それでも僕はこの明確な世界が好きで（バイクや車も大好きだったし）、心地よくて、日々入り浸るようになっていった。

アタマになってからは、楽しさも大変さも増したが、生きている実感も増した。ミッキーズには、16歳から19歳まで100人近くのメンバーがいた。中学を卒業したばかりのヤツ、他のチームから移ってきたヤツ、八王子以外からやってくるヤツと様々だ。たかが19歳の若造がこの人数をまとめるのだから、なかなかの大変さであることは想像に難《かた》くないだろう。

メンバーのトラブル解決は、体ひとつでは足りない。幹部の協力が必要だ。実際、毎日いろいろなことが起きた。

みんなに迷惑をかけてしまったこともあるし、自分の目が届かないところで、思いもよらない事態になったこともある。僕が原因で、仲間が大勢逮捕されてしまったこともあった。ここには書けないようなこともたくさんあった。

無用な争いを避け、ときには歩み寄り、ときには頭を下げないまでも相手を認めることで、チームの看板と仲間を守る。リーダーの本当の役割は、ケンカに勝つことだけではなく、守ることなのだと、暴走族のアタマを務めたことで知った。

誤解をしないでほしいのだが、今の僕は決して暴走族を肯定しているのではない。社会から認められるものではないことは、十分わかっている。警察のお世話になったこともあったし、結果的に迷惑をかけてしまった人たちがいたのも事実だ。そのことから逃げたり、言い訳したりするつもりは毛頭ない。
あくまで、僕個人の成長において大きな存在であり、時間であったということだ。

ミッキーズで青春を謳歌《おうか》しながら、実は高校にも通っていた。僕自身、成績が悪かったこともあり進学にはまったく興味なかったのだが、母に泣きつかれ、とりあえず行くことにしたのだ。

うっとうしくはあったが、やはり大事な親を悲しませたくなかった。貧乏な家に育ったので、小学生の頃から漠然とではあったが自分が両親の面倒を見なければいけないと考えていた。だから、最低高校くらいは出ておかなければと思ったのだ。幸い、先生や仲間に恵まれ、無事に卒業できた。今も感謝している（この頃、暴走族のアタマを務めたうえに高校を卒業したヤツはそうそういないんじゃないだろうか）。

当事のルールにより、僕は20歳になる前の3月で暴走族を「卒業」した。大学に行っていれば大学2年を終えたところだ。
このとき僕は、地元の運送会社で働いていた。ドライバーとして1年ほど勤めた後、その会社の取締役に抜擢された。それからは、商社や葬儀会社の経営、キックボクシングの東洋チャンピオンのマネジメントの裏方など、頼まれた仕事はなんでも引き受け、ひたすら働いた。某有名人のかばん持ち（兼ボディガード）をやったこともある。

キツいこともあったが、元暴走族で、それもアタマなんかやっていて、学歴もない僕に、仕事を任せてくれることがありがたかった（相手にしてくれない会社が普通だ）。

23歳のとき、暴走族時代の仲間や後輩と会社を創業した。

しかし、その船出は順風満帆とはとてもいえなかった。数か月後には資本金を食いつぶした。

1億円近い赤字を抱え、倒産の大ピンチに陥《おちい》ったこともある。

リストラ（人員整理、業務整理）を行い、大切な仲間も失った。

守ることがアタマの役割だと知っていたのに、できなかったのだ。

当事の会社は、飛行機の4つあるエンジンのうち3つが壊れ、残りのひとつのエンジンすら調子が悪いうえに、パイロット（僕）にも操縦知識が足りないという状態。いつ墜落（倒産）してもおかしくなかった。

自分がいかに経営の素人かを痛感し、死に物狂いで勉強をやり直した。そして働いた。今度こそ、僕の家族と社員とその家族、取引先、僕に関わるみんなを守りたい、その一心だった。

それから、1年で神風が吹いてどうにか持ちこたえることができ、現在、従業員数756人、売上約31億円となった。ありがたいことだ。

歌手の北島三郎さん、ムラサスポーツ会長の金山良雄さん、ワタミ創業者の渡邉美樹さん、ハリウッドスターのジャッキー・チェンさん、法政大学教授　坂本光司さんなど、超一流の方たちとのご縁もでき、一緒に仕事をしたこともある。

おかげで、雨漏りのしない家で、妻と子どもたちとぐっすり眠ることができている。

＊＊＊

暴走族の元アタマの話から学ぶことなんてあるのかと思うかもしれない。

ましてや、勉強もできなかった落ちこぼれだなんて、たまたまうまくいっただけだろう、と思う人も多いに違いない。

本当にそうだと思う。

たしかに僕の力だけで現在があるわけではない。そんなことは、誰よりも僕がいちばんよく知っている。

だけど、一方でこうも言える。

こんなバカなことをしてきた僕だったから、こんな非エリート人生を歩むことしかできなかったから、知りえたことがあり、暴走族という世界で心身ともに鍛えられたからこそ、今、社長としてどうにかやれているのも事実だ。

現役の総理大臣とお話をさせていただくなんて機会にも恵まれるようになった。元とはいえ暴走族のアタマ（トップ）と国のトップが会するなんて、考えられないシチュエーションだと思うが、これまた事実なのである（人生は不思議だ）。

実際、僕がアタマを務めていたときの暴走族幹部たちの多くが、社会人として成功している。社長をしている仲間も少なくない。

もちろん僕はまだまだ未熟な人間で、世の中には僕より優れた経営者は星の数ほどいる。

おそらく、今、この本を手にしてくださっている人の誰より落ちこぼれで、学歴もないだろう。

そんな僕が本を書くなんて、おこがましいことは百も承知だ。

自覚症状ありありだ。

これから本文でお話しすることは、一生懸命マジメに勉学に励み、人生を歩んできた人が出会ってきたものと、あまりにかけ離れていると思う。ありえないこともあるかもしれない。

でも、いくつか、ハッとすることがあるかもしれない。

使えそうなこともあると思う。

バカげた話だなどと色眼鏡をかけずに、目を通してほしい。

CHAPTER 1

人は誰でも幸せになれる？

01 人として一流になってやる

「はじめに」や「プロローグ」でお話ししたとおり、今でこそ社長をしているが、僕は決してほめられるような人生を歩んできたわけではない。

大人になって、社長になってからも、会社を危機にさらすなど（神風が吹いたおかげで会社を残すことはできたが）、たくさんの人に迷惑もかけてきた。

そんな僕の現在の目標は、社会人として一流になることだ。会社のみんなにも、同じ目標を課している。それが幸せにつながると考えているからだ。

「社会人として東大を目指す」

受験生にとって、日本でいちばんの大学、つまり東京大学に入るには、相当な勉強量、努力が必要だ。それくらいの努力をして、一流を目指そうという意味でこれを合言葉として使っている。


社会人として一流とは、いったいどういうことか。

社会的に成功し、たくさんの人に知られる存在で、お金もたくさんある——。つまり、地位と名誉と財産をすべて手にした人のことだと考える人もいるかもしれない。

ただ僕の考える一流は違う。

素晴らしいと人に喜ばれる仕事をし、評価され、他人から尊敬される人。そして、自分自身をさらに高める努力を怠らず、革新にも敏感であり続ける人だ。

日本でも世界でも、一流と呼ばれる人は、常に進化し続けている。仕事だけでなく、人間としても。仕事で大成功を収めたとしても、調子に乗って傲慢《ごうまん》になるなど人柄に問題がある人は、必ず表舞台から消えている。つまり、一流ではないということだ。

このことを意識し始めてから、僕の周りで起きること、出会える人のタイプが変わってきた。

会社の業績は上がり、優秀な人たちが入ってきてくれるようになった。

仕事外でも、各界の実力者たちと交流するようになり、様々な取り組みでご一緒させていただくことも増えてきた。


一流だと思わせる人にも多く出会ってきた。そのひとりが大スター、ジャッキー・チェンさんだ。

ジャッキーのすごいところはたくさんある。いいところ紹介を始めようものなら、この本に書ききれないだろう。

2011年4月。ジャッキーの呼びかけで、東日本大震災のチャリティーコンサートが香港のセントラルパークで行われた。そこで彼は、全財産の約260億円を今後寄付するという声明を出した。

子息には財産を残さず全部寄付――。

すごい人である。かっこよすぎる。

日本人ですら、全財産を寄付できないというのに――。

彼と一緒に働いているスタッフはみな、彼のことを心から尊敬し、口をそろえて「ジャッキーはやさしい」と言う。実際、スタッフに対する気遣いを見ていても、敬服するばかりだ。以前開催された香港のチャリティーコンサートでは、スタッフに混じって折りたたみのイスを懸命に並べていたそうだ。

ジャッキーの俳優として、タレントとしての活躍は、世界中の人々を楽しい気持ちにする。でもそれ以上に、彼の生き方、行動はたくさんの人を支え、幸せにしている。

まさに、人間性が一流なのだ。

全財産を寄付することはできなくても、イスを並べることはできる。一緒に働くスタッフを大事にすることはできる。

学がなくても、華々しい人生でなくても、できることはたくさんある。

地位も名誉も財産も関係ない。過去も関係ない……とは言わないが、現在の自分を信じればいい。志と行動の積み重ねが、これからの人生を一流にする。

社会人として一流を目指し、行動を意識すると、起きることも出会う人も変わる。忘れないでほしい。

一流の生き方は、たった今から始められるのだ。

02 幸せになるためのルールがある

たった一度の人生を不幸に過ごしたい人なんて、おそらくいないだろう（不幸な毎日なんて想像しただけで病気になりそうだ）。

貧しい家に生まれたことは運命だったと受け入れているし、暴走族に入ったことも後悔していない。開き直るつもりはないが、そのおかげで気づけたことがたくさんあったし、僕のようなタイプはこの道でなければ成長できなかったとも思うからだ。

でも一方で、雨漏りを耐えているときも、やんちゃをしているときも、幸せになりたいと願っていたように思う。

実は、幸せになるためのルールが、この世には存在している。

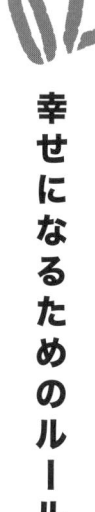

幸せになるためのルール

会社にはいちばんに出勤し、必ず最後に帰る。

誰よりも大きな声で挨拶をする。

挨拶は、必ずその場にいるすべての人にする。

会社の周りのゴミ掃除を毎日する。

上司の望んでいることを察し、先回りして作業する。

部下の仕事を手伝う。

他の部署の手伝いを勤務時間外にする
（勤務中は当たり前）。

上司の仕事を手伝う。

そのルールを知らないがために、才能があっても幸せになれない、一流になれない人がいる。もったいないことだ。

本書を手にしてくださったみなさんには、ぜひ知っておいてほしいのでその一部を紹介しよう（31ページ）。どれもシンプルだが、自分に課すことで必ず幸せになれる。

ルールを実行すると、会社は必ずあなたのことを大事にするようになる。

「最初に来て最後に帰るとか、意味がわからない」

「自分の仕事で手いっぱいなのに、そんなことしてられない」

「結局、会社に都合のよい人間になれってことじゃん」

そう思った人もいるかもしれない。

でも、やってみればわかるはずだ。試してみてほしい。

もちろん、1日、1回やったからってすぐに変わるわけではないし、時間がかかる人もいる。もしまったく何も変わらなかったら僕に連絡してほしい。一緒に考えよう。

「幸せかどうかは自分で決めることですよね。私は、仕事に幸せを求めていません」

以前、ある女性に強い口調で言われたことがある。不覚にも一瞬、「そっか、そういうこともあるのか」と思ったのだが、「いやいや待てよ」と、こう返事をした。

「幸せの基準は、自分の心が決めること、そのとおりです。

では、あなたが知っている幸せな人を思い浮かべてください。

仕事がうまくいっていない人はいますか？

幸せな人は仕事ができる。だから、自然にお金も入ってくる。

お金が入ってきたら、好きなことができ、好きな人、大事な人に使うことができる。

幸せを支える大事な要素に仕事も含まれる。だったら、仕事も幸せでありたいよね」

その女性はとても驚いていた。でもそれは、さっきまでの怖い表情ではなかった。


僕の人生を振り返って、これだけは言える。

「楽《ラク》をして成功を手に入れられる人はいない」

残念ながら『夢をかなえるゾウ』（飛鳥新社）の著者、水野敬也さんの言葉を借りれば、「成功したい人間ではなく、他人より楽をして他人より優れた結果を手に入れたい人間」のほうが多いのが現実だ。

だからこそ、今、始めよう。

確実に、周りの人たちより大きく一歩、幸せに近づくことができるのだから。

03

熱意がなければ成功できない!?

暴走族のアタマをやるくらいだから、僕は結構アツイ人間なのだと思う。
思いついたら、割とすぐ突き進んでしまう。
もう少しクールだったら、もう少しかっこいい人生を歩めたのかもしれないが——。

『心構えが奇跡を生む』（ナポレオン・ヒル ＆ W・クレメント・ストーン著／きこ書房）という本がある。これは、僕が人生でいちばんの衝撃を受けた本である。
会社をつくって15年経つか経たないかくらいのある早朝、吉野家で朝食を食べようと席に着くと、目の前にこの本の宣伝チラシがあった。

すぐに朝食セットが運ばれてきて食べ始めたのだが、その最中も、やたらとこの広告が視界に入ってくる。

あまりに気になるので、食べるのをやめてチラシを手に取って広げてみると、次の文字が飛び込んできた。

「成功の17原則」

この本のサブタイトルのようだった。

衝撃だった。

恥ずかしいことに、僕はそれまで自己啓発という言葉すら知らないダメ人間、ダメ経営者だった。

だから、とても驚いたのだ。

「成功の法則」なるものがこの世に存在していることに。

この本を読まなければ、絶対、絶対、後悔する――。

そう考えた僕は、会社の近くのいちばん大きな本屋が開店するのをじりじりして待った。

そして、店が開くと同時に本を買い求めた。そして、その日の仕事が終わるなり一気に読んだ。最後のページを閉じたときには、窓から朝日が見えていた。

読み終えたときのあの感動は、今も忘れられない。

人生を変える衝撃を受けたといってもいい。

「成功の法則」は本当にある、そう思った。

この本には、37ページのようなことが書かれていた。

どれも心に響いたが、とくに「エンスージアズム（熱意）が大きな力となる」という法則は、勇気につながった。

エンスージアズム（Enthusiasm）のない状態で成功を目指すのは、電源の入っていないオーブンの中に、ごちそうを詰めた七面鳥を入れて、焼き上がるのを待つようなものだという。

つまり、いくらいいアイデアがあっても、それを具現化する熱意がなければ、絵に描いた餅でしかない。考えないよりはいいが、行動しなければ何の意味もない、というわけだ。

この本を読み終え、僕がこれまでやってきたことは間違いではなかったと確信した。

その日のうちにこの本を10冊買い、会社の幹部や仲間に渡した。

成功のための17のノウハウ

（『心構えが奇跡を生む』より）

1. 明確な目標
2. マスターマインド
3. 信念の実現
4. プラスアルファの魔法
5. パース（ソ）ナリティ
6. パース（ソ）ナル・イニシアティヴ（自発性）
7. 積極的な心構え
8. エンスージアズム（熱意）
9. 自己訓練
10. 的確な思考の力
11. 集中力の偉大な力
12. チームワーク
13. 逆境と挫折からの利益
14. クリエイティヴ・ヴィジョン
15. ヘルス・コントロール
16. 資金と時間の活用
17. 習慣形成とその活用

この本と出会ったことで僕の中で湧き上がった「熱意」を伝えたかった。そして、共に成功に近づけると感じてほしかったのだ。

人に本をプレゼントしたのは人生で初めてだった。

熱意は、自分の中から引き出すことより、持続させるほうが難しい。持続する秘訣は「明確で具体的な目標を持って実行する」ことだ。

僕がずっと続けている会社の周りの清掃活動や社会福祉協議会に対する寄付は、「社会に貢献する」という目標に対する熱が冷めないようにするための行為でもある。

継続的に行うことで「社会に貢献するんだ」という思いを潜在意識に、そして体中に刷り込むのだ。

こうして、目標を達成するための自分をつくっていく、いわば成功体質にしているのである。

地味なことだけど、これは真実である。

04 生きていく場所を決めろ

以前、競走馬の世界に足を踏み入れたことがあった。数頭のサラブレッドの馬主になったのだ。

今でも所有しているが、もう熱心には活動していない。馬主であることが会社経営にいい影響を及ぼしているかというと、僕にはわからなかったからだ。

たしかに、サラブレッドの美しさや牧場の広大さ、環境の素晴らしさには驚き、感動した。関わる人たちの馬への愛情や、勝負師としてのプロ意識にはジャンルを超えて刺激を受けた。

でも、同じ勝負なら、僕は経営の世界で勝負したいと思ったのだ。

ハラハラ、ドキドキするなら、自分の責任において、会社の経営で感じたほうが僕には〝今〟〝ここ〟で生きている実感が湧く。会社の経営は、僕にとっては最高の楽しみであり、喜びであり、冒険、挑戦であり、人生そのものだからだ。

要は、僕は、会社の経営が好きなのだ。だから、この道で生きていきたい。

中国にこんな寓話がある。

兄弟でロバを引いて歩いていたら、「無駄なことをしている」と通りがかりの人に言われたので、兄が乗ることにした。

しばらく行くと、すれ違った人から、「あの兄は年少者に対する愛情がない」と言われた。そこで遠慮する弟を無理にロバに乗せたところ、今度は、「年長者に対する礼儀を知らない弟だ」と非難された。

それならばと、今度は2人で仲良くロバに乗ったら、「動物虐待《ぎゃくたい》だ」と騒がれた。

結局、2人はロバを担《かつ》いで帰ってきた。

さて、この兄弟はなぜ、このようなムダな骨折りを続けなければならなかったのだろう。

答えは簡単だ。

この兄弟は何を大事にすべきか、なんのために生き、行動するのか、人生の目的が定まっていなかった。だから、他人の意見に左右され、結果、よくわからない行動をとることになってしまったのだ。

目的（目標）さえ確立していれば、このように個々の状況判断において右往左往することはなくなる。


人間は、過去―現在―未来という直線の時間軸の中で生きている。

「過去」を悔やんでも、もう戻れない。現状を嘆《なげ》いても仕方がない。

常に「今」が幸せで、最高であり、さらなる幸せは「未来」にあると信じて進む。

そうあるために、未来を見据えて計画し、行動していくことが、人生を切り拓いていく。

時代は、常に変化し続けている。時代も社会も僕ら個人の都合に合わせて待っていてはくれない。僕らも常に変化し続け、挑戦し続けていかなければならない。

それには、どうしたいか、どこで生きていきたいかを決めることが必要だ。

決めた者が強くなれるのだ。

05 自分を知ってもらってなんぼ

「昔の話を聞かせてください」と言われることが多い。

元暴走族のアタマというフレーズは、いつまでも、どこまでもついてくるらしい。以前はわざわざ話すことでもないだろうと考えていたが、誤った情報が流れ、誤解を受けることがたびたび起きてしまった。

だったらと、「社長ブログ」を書くようにした。

すると、聞きたいことがあるときは直接聞いてくれるようになり、陰で好き勝手に噂されるようなことがなくなってきたように思う。

さらに何も隠すことがなくなったせいで、僕自身がラクになった。現在の僕のことを理解してくれる人が増えたような気もする（勘違いかな？）。

同じ年代だからか、八王子で暴走族をしていたタレントのヒロミのことや「国立ブラックエンペラー」というグループでアタマを張っていた2つ上の先輩、俳優の宇梶剛士さんのことを尋ねられることも少なくない（僕は「ミッキーズ」という八王子の暴走族のアタマだった）。

宇梶さんのグループと僕が属していたグループは敵対関係にあったので、当時は直接会話をしたことはなかった。でも今から20年くらい前、宇梶さんがこんなにテレビに出ていない頃、下北沢の劇場で話す機会があった。暴走族時代の友人Nのお姉さんが、宇梶さんと舞台で共演していたので、見に行ったのだ。

挨拶させていただいたところ、

「八王子六中？　ミッキーズ？　じゃあ、Sの後輩？」

懐かしそうに話しかけてくれた。お互い、引退して数年が経っていたからだろう。

短い会話だったが、宇梶さんの飾らない言葉や対応に、会えてうれしいという気持ちと敬意を感じた。僕ももちろん、敬意を込めて返事した。宇梶さんにも伝わったと思う。

どんなに素晴らしい志を持っていても、相手に伝えられなければ、その志はカタチにならず意味をなさない。

どんなに相手に対し敬意や愛情を持っていても、相手に伝えられなければ、その思いはないのと同じだ。恋愛であれば、振られることはないが、成就することはない。

せっかくいい人柄なのに人に誤解を与えてしまうのは、本当にもったいない。

ただ話すことと、相手に伝わるような話し方は違う。

我が社の社員はみな、人間的にいい人だと自信を持って言える。だからこそ、社会に向けて素直に表すことができる表現力の訓練をするよう指導している。そうしなければ、いつまで経ってもロジカルな話はできないからだ。

自分のことを伝えるのは勇気がいる。

自分の気持ちや思いを伝えるのは難しくもある。

でも、伝えることができれば可能性が広がる。

志や考え方に共感して、一緒にやろうと声をかけてくれる人が現れるかもしれない。
思いを受け止め、大好きな人が共に歩んでくれるかもしれない。
まさかの出会いだって起こりうる。
それが、一流への道に通じることだってあるのだ。

06
他人にも自分にもウソはつくな

正直に言おう。

社長ブログを書くまでは、暴走族だった自分の過去にどこかしら負い目を感じ、経営者にふさわしくないのではないかと思っていた。

もちろん、過去を後悔しているわけではないし、暴走族時代に学んだことが、今の会社経営の土台になっている部分もたくさんある。日々起きるトラブルにも動じない精神力を養うことができたのも、暴走族での様々な経験のおかげだ。

ただ、そんな僕の過去を快く思わない人もいるのは確かだし、当時、迷惑をかけてしまった人には弁解の余地もない。

だから、怖かったのだ。

僕が恐れていたのは、仕事への影響だった。

暴走族だったという過去が原因で、取引先との関係が悪くなって仕事を失ってしまえば、会社の業績に影響する。このとき、迷惑がかかるのは社員とその家族だ。僕にも守るべきものがある。若い頃のような軽はずみなことはできない。

だったら、わざわざ自分から言わないほうが身のためだ。隠したほうがいい。

そう、考えたのだ。

人にウソをつくには、自分に対してもウソをつかなければならない。人にウソをつくだけでも苦しいのに、自分にまでウソをつくのだから大変だ。心がクタクタに疲れてしまう。一度ウソをついてしまうと、そのウソを守るために、さらにウソを重ね、どんどん本当の自分との距離が開いていく――。

実際、変な誤解を招いたり、かえって僕に対して不信感を抱く人が出てきたりと、支障が出てきてしまった。

このままでは自分の人生がウソになってしまう――。

だから、隠すことをやめた。正直に話す（書く）ことにしたのだ。

周囲の反応は意外なものだった。

取引先や銀行の担当者の方々は好意的どころか、おもしろいから暴走族時代の話をもっと書いてくれと喜んでくれた。

僕自身も、うしろめたさや苦しさから解放されて、どんどん前向きな気持ちになり、前より社交的になっていった。

いつしか、僕が社会的に負い目だと思っていた過去は、ひとつの個性になっていたのだ。

よくよく考えてみればわかることだが、ウソをつく人、自分をダマしている人と、ビジネスをしたいと思うだろうか？

ウソをつく人、自分をダマしている人と、一緒に時間を過ごしたいと思うだろうか？

僕はイヤだ。信頼関係が成り立たないからだ。


一流の人たちはウソをつかない。

他人にも自分にも。

開き直っているのではなく、相手に対して真摯に向き合っているからだ。そこにウソやごまかしは必要ない。

だから多くの人に信頼されるのだと思う。

言葉だけではない。行動も同じだ。

たとえば、偽物の時計やバッグを持つこともニセモノを無意識に認めることにつながると、僕は考えているので、絶対に手にしない。

弱い部分、負い目に感じている部分を出すのは、怖いし勇気がいると思う。

飾りたくなったり、背伸びしたくなったりすることもあるだろう。

でも、コンプレックスは、自分が思っているほど、周囲の人は気にしていない。

気にしているのは、自分だけ、なんてこともある。

大丈夫だ。

もし、あなたがウソをつかなくなったことで去っていく人がいたら、その程度の関係だったということだ。

恐れる必要はない。

07 しょうがなくてもあきらめるな

なんでも「しょうがない」と言ってしまう人、あなたの周りにいないだろうか？

日本人は「しょうがない」が好きだ。「しょうがない」は便利な言葉だけれど、無意識に、簡単に使っていると後悔することになるかもしれない。

アメリカ人の友人が言うには、初めて日本に来たとき、この「しょうがない」にひどくカルチャーショックを受けたという。

彼は、こんなことを言っていた。

「何か問題が起きると、日本人はすぐに『ショーガナイ』と言う。以前、大事な物を壊されたというのに、相手に抗議をせず、『ショーガナイ』と言ってあきらめていた。信じられない。だから、かわりに自分が抗議してあげたんだ。アメリカは、正義がとても尊重される国だからね」

彼は本当に驚いたようで、なかなかエキセントリックな演説だった。

彼の話を聞いて、意識してみるとたしかに「しょうがない」という言葉を耳にする機会が多い。無意識に口にしている人も多いだろう。

でも本当に「しょうがない」ことなんて、この世にそんなにあるのだろうか？「しょうがない」と口にすることで、目の前の世界を見ないですませていないだろうか？

子どもの頃、僕の家は貧乏だったから、なんとかその状況から抜け出したかった。世の中には一生懸命働いているのに貧乏な人がいる。一方、働かなくても金持ちはいる。この違いはどこにあるのだろうと考えた。

親父もおふくろも悪い人間じゃない。マジメに生きていた。でも貧乏だった。

なんでこうなってしまうのだろう？

でも当時の僕には、答えを見つけられなかった。

だからって、貧乏はしょうがないとは思いたくなかった。あきらめたら、一生この貧乏生活から抜け出せないと子どもながらに悟っていたのだ。

親父は物静かで無口な男だった。

マジメで、融通が利かなくて、温厚で、怒るところを見たことはない。社交的でなく、友達という人には残念ながら一度も会ったことがなかった。

そして、親父には生活能力がなかった。子どもの僕から見てもわかるほどに。

八王子の町は、古くは絹織物産業や養蚕《ようさん》業が盛んだったことから「桑の都」と呼ばれていた。ニット製品や染色の工場もたくさんあり、親父は親父の兄で僕の伯父にあたる人が経営していた染物の配達の仕事をしていたそうだ。ところが、上手にできなかったらしく、僕が3歳くらいのときからクリーニングの取次の仕事をすることになった。サボるわけではなかったが、営業努力をするわけでもなく、相変わらず貧乏な生活は続いた。

中学生になると、僕はそんな親父に反発するようになった。家族が貧しさに困っている姿を見ても飄々《ひょうひょう》としている親父に対して、「男の意地はないのか！」という怒りと悔しさを感じずにいられなかったのだ。野望や野心なんかなくてもいい。でも、もう少し頑張って仕事をすれば、もう少し顧客を増やせれば、家計だって少しはマシになるはずだと。

しかし、僕が怒りをぶつけても親父はいつも「しょうがない」と答えていた。親父の悔しそうな表情を、僕は一度も見ることはなかった。

今から思えば、親父は人生のどこかであきらめてしまったのだろう。名門高校を卒業した後、カトリックの神父になりたかったそうだが挫折《ざせつ》したとだけ聞いたことがあった(親父の弟は神父になり、その後ローマ法王の被選挙権と選挙権を持つ枢機卿《すうききょう》にまでなった)。

人生には、自分ではどうすることもできないことがある。

不可抗力で過ちを犯してしまうこともあるし、自然災害の前では人間はなす術もない。

そんなとき、日本人は「しょうがない」と言って、誰かを責めるようなことをほぼしない(もちろん全部が全部そうとは言っていない)。

「しょうがない」は、過酷な人生を乗り越えるための、悟りと癒しの言葉でもある。

「しょうがない」と受け入れる姿勢は大切だ。

ただ、それはあきらめることと同意ではない。

あきらめたら、そこで終わりだ。

前に進むための道が目の前にあっても消えてしまう。

そんな親父も4年前に亡くなった。

遺品を整理すると、ノートが何冊も見つかった。そこには、クリーニングの仕事をしていたときの顧客のリストと注文の内容が、びっしりと、しかも丁寧に書かれていた。目の前のことに対して、常に実直だった親父の姿が刻まれていた。

当時の親父の思いに触れ、僕は涙が止まらなかった。それは、親父なりに一生懸命仕事をしていたのに彼が報われなかったことに対する僕の悔し涙だった。

だから僕はあきらめない。

ちなみにこのノート類は捨てられないで持っている。

08 人はいつでもやり直せる

人はいつでもやり直せる。

これは、自信を持って言える。

ヤンチャをしていた頃の仲間には、鑑別所や少年院のお世話になった者もいたが、今ではそのほとんどが家族を持って、マジメに働き、おだやかに生活している。

誤解しないでほしい。

過去にしてきたこと、迷惑をかけてしまったことなどを帳消しにできると言っているわけではない。

ただ、自分をあきらめる必要なんてないと言っているのだ。

20年近く前になるが、少年院から出所してきた男の子がいるので面倒を見てくれないかと頼まれた。

実際、会って話してみると、彼はとても素直な子だった。少年院に入っていたくらいだから根性もありそうだ。彼と同じ歳の頃、さんざん社会に迷惑をかけてきたから、今なら罪滅ぼしもかねて社会貢献できると思い、僕は彼の採用を決めた。

未成年のうちはいろいろあったが、成人し、結婚した頃から仕事に真摯に取り組むようになり、順調にスキルアップを続け、現在、米軍担当部長代理として頑張ってくれている。

もし、あなたが今、自分をダメな人間だと思っているなら、それは間違っている。根本的にダメな人などいない。あなたの心がそう思わせているだけだ。

もし、親や上司、社会のせいで人生がうまくいかないと思っているなら、それは違う。親や会社や国から、どれだけ自分たちが守られているのかを知ったほうがいい。

もし、あなたが今、うまくいかなくて苦しんでいるなら、それは素晴らしいことだ。苦しいということに気づけているなら大丈夫。未来への扉が開いている証拠だから。

もし、あなたが今、人を信じることができないなら、それは誰のせいでもない。あなたが心の中で敵をつくり出しているだけだ。あなたの人生を阻《はば》むものは外にはいない。

周りを見渡してみよう。あなたに力を貸してくれる人は必ずいる。

世界は、あなたが思うほど、悪くはない。


余談だが、先ほどの彼以降、鑑別所や少年院帰りの子を何人か採用していることから、地区の矯正施設経験者採用の活動を手伝っている。あるとき、そのつながりで、八王子少年鑑別所の見学会に参加した。

「この中で、今まで鑑別所に見学などで来たことがある方はいらっしゃいますか？」

見学会が始まってすぐ、案内をしてくれる方からの突然の質問に、僕はドキッとした。ここだけの話、僕も暴走族時代、鑑別所を経験していた。それも数回……。

他の参加者の方を驚かしてはいけないので、もちろん自分からは手を挙げなかったが(誰も手を挙げていなかった。当たり前か……苦笑)、一緒に参加した僕の過去を知っている先輩社長にひじでわき腹を突かれたり、「ほら白柳、手を挙げろよ」などとからかわれたりしたから、おそらく周りの人たちにはバレていただろう。

20年ぶりに、それも少年たちを保護する立場で鑑別所を見てみると、その取り組み、仕組みがあまりに素晴らしく、僕は感動しっぱなしだった。

心理テスト、学力テスト、行動観察など、様々な角度から性格・心理・非行傾向などを分析し、カウンセラーとの面談、日記や作文などの課題を通して、それぞれの少年にとって最適なプログラムが用意され、更生に導いていく。

自分が入所していた頃は、そのすべてが面倒でしかなかったし、ケツの穴まで見られるのが屈辱《くつじょく》で早く出ることしか考えていなかったが、もっと真摯に取り組んでいたら、もう少し早く何かに気づいたかもしれない。

反省も、自分や仲間についてがほとんど。迷惑をかけた相手のことまで思い至っていたか、自分でもはなはだ疑問だ。

「八王子を離れ、今の彼女と結婚して、マジメに生きていくつもりです」と言うと審判（成人の裁判では、鑑別所での生活態度、審判の結果によって、少年院に送致するか保護観察付きで社会に出すかが決まる）で少年院に送られずにすむと仲間に聞いて、そのセリフを言う練習をしていたぐらいだから（苦笑）。

まったくもって恥ずかしい話だ。

そんなバカな僕にも、日本という国はチャンスをくれる。すごいよ。

CHAPTER

2

落ちこぼれでも成功できる9のルール

01
人のせいにしたり言い訳したりしない

自分に正直に生きる人は強い。

たとえその正直さが、ときに自分を傷つけ、人を傷つけても、あるいは人生で損をしたりうまくいかないことがあったりしても、後悔しない。

絶対に他人のせいにはしない。人を恨んだり、うらやんだりすることもない。

そのことを僕は暴走族で学んだ。

16歳の夏、僕は、自分の中学の先輩たちが多く入っていた「ミッキーズ」のメンバーになった。

なぜ暴走族になったのかとよく訊かれるが、理由は単純だ。かっこいいと思ったからだ。

1980年前後は全国的に暴走族の最盛期だった。

八王子だけでも、「ミッキーズ」「八王子スペクター」「影」といった3つの大きな暴走族があったし（その後間もなく、「キングラット」などの新しいチームができた）、東京西部だけでも、「ROUTE 20日野」「高幡不動 ALLEY《アーリー》 CAT'S《キャッツ》」「豊田 MAD SPECIAL」「ROUTE20聖跡桜ヶ丘」「地獄」「ブラックエンペラー」「B-ONE」「町田 SPECTER」「魅孵《みかえ》り美人」「調布 ROUTE20」「椿連合」「ROUTE20多摩霊園」「悪辣《あくらつ》」「三鷹 SPECTER」「纏《まとい》連合」「HUNNG TEN《ハンテン》」「ミルキーウエイ」「ムササビ」など、有名どころをあげただけでもこれだけたくさんのチームが存在していた。

だから、たくさんの高校生、ときには現役の中学生も暴走族に入っていた。かっこよさに憧れて、おもしろそう、モテたい、ケンカが好き、走ることが好き……。当時の不良たちにとって暴走族はファッションでもあったと思う。

暴走族では、いろいろな経験をした。

敵対するグループとは日々ケンカ。学校帰りに待ち伏せされているのはしょっちゅうだったし、目つきが悪いとか、態度が悪いとか、いちゃもんをつけられたこともちょくちょく。痛い目にもあったし、イヤな目にもあった。

リーダーになってからは、後輩のケンカの落とし前をつけにいったり、チーム内のいざこざを収めたりと、駆けずり回った。何もしていないのに、悪いことをしたんじゃないかと疑われたり、いいことをしているのに（これでも、集会をしていた場所のゴミ拾いをしていた）冷たい目を向けられることもしばしば。割に合わないことも少なくなかった。

悲しい別れもあった。

なのになぜ、暴走族をやめなかったのか。

それは、走るのが好きだったからだ。

グループの名前が知られていく（売れる）こともうれしかった。

心からしたいことだったからだ。

仲間と走るためなら、どんな理不尽な目にあっても耐えられたし、乗り越えられた。

痛いことも、イヤなことも、自分が「暴走族に入りたい」と願い、選んだ人生で起きたこと。いちいち人のせいにしたり、言い訳したりしていても何も進まないし、意味がない。

それよりも、やるべきことをやって、走る時間に回したほうがいい。
みんなと、楽しく、気持ちよく過ごしたほうがいい。
それが、当時の僕の正直な気持ちだった。
失ったものも多いだろう。
でも、それもすべて自分が選んだ結果だ。
だから、僕は暴走族に入ったことを後悔していない。
おそらくほかのメンバー、ましてやほかのチームのリーダーたちも同じだっただろう。

命は有限だ。
そして、人生は一回きりだ。
仲間を亡くしたからこそ、僕は痛いほどそのことを認識している。
暴走族に入っていなければ、そんな経験をしなかったかもしれない。
それでも、後悔はしていない。
どのときの自分も、自分が選び、歩いてきた場所だから。

いま、あなたがいる場所は、あなたがこれまで選択してきたことの積み重ねだ。

誰のせいでもない。何かのせいでもない。自分で選んだ結果だ。

後悔のない人生を歩みたいのであれば、常に自分の心の正直に生きることだ。

そうすれば、辿り着く場所は、あなたが望んだ場所になる。

人に迷惑をかけていいという話をしているわけではない。

ただ、たとえそうなってしまうことがあったとしても、それを自分の責任として受け入れ、そのうえで次の一歩を踏み出す。

一歩一歩、また一歩。

その一歩が次の人生を決めていくのだ。


自分に正直に生きようと思っても、自分が何を望んでいるのかがわからないそんなときは、自分は何をしたいのか、何を大事にしているのかを考え、書き出してみることだ。そこに自然と答えが上がってくる。

次に、その答えを実現するにはどうすればいいのかを考える。

進んでみて、ぶつかったら、違う道に変え、跳ね返されたら、また違う方向を探す。

その繰り返しが人生だと、僕は考えている。

人生は1回きり。

自分で選ぶ以外、後悔のない人生は送れない。

後悔しない人生を送りたいなら、自分に正直に生きることだ

02 人がやらないことをやり続けろ

「こういう人にだけはなりたくない」

そう思ったことはないだろうか。

もしそんな人が身近にいるのなら、大事にしたほうがいい。

彼らはあなたにやるべきことを教えてくれ、ステージ（ポジション）を変えるきっかけをくれる。

多少はイヤな思いをしたとしても、非常に貴重な存在だ。

20歳で暴走族を卒業した僕は、戦後すぐから運送業を営んでいる、そこそこ老舗の会社に、ドライバーとして就職した。勤務時間は朝8時から17時まで。

余談だが、僕は小さい頃からずっとアルバイトをしてきた。小学生のときは新聞配達、中学ではグランドボーイ、高校ではガソリンスタンド、喫茶店……。

小学6年生のときには、空前のスーパーカーブームに乗じて、横浜や千歳烏山、田園調布の環状7号線沿いにあるスーパーカーの販売店に行ってはお古のカメラで撮影し、学校でその写真を売っていた。これがかなりの人気となり、僕はしばらくの間、続けた。ビジネスマンとしての僕の原点といえるかもしれない（笑）。

さて、話を戻そう。同僚は20〜60代の男性ばかり、30人ほどいただろうか。僕の親父より年上の人もいた。覇気《はき》があまりなく、血気盛んな暴走族仲間と毎日過ごしていた僕からすると、「あんなふうにはなりたくない」人たちだった。

言われたことしかやらない。仕事への工夫や向上心もない。たとえば、スムーズに配送がすみ15時に会社に戻れたとしても、どこかで時間をつぶして17時に帰ってくる。早く帰社すると、翌日の荷物搬入など、余計な仕事を手伝わされるからだ。

できるだけ仕事はやりたくない、少しでもラクをしたい、ナマけたい……。そんな先輩たちと働いているうちに、いつしか僕も同じような働き方をしていた。

入社して5か月ほど経ったある日。配送を早く終えた僕は、いつものように公園の脇にトラックを止めて、昼寝をしていた。

しばらくうとうとしたものの、さほど疲れているわけでもなかったので、公園で遊ぶ子どもたちの声で目が覚めた。無邪気な表情で一生懸命遊んでいる様を見ているうちに、

「このままではダメだ——」

ふとそう思った。こんなことしている場合じゃない、と。

仕事をちゃんとやろう。やれる仕事は何でもやろう。

仕事さえ終われば、堂々と休める。そのほうが気持ちよく眠れるはずだ。

次の日から、生まれ変わったように働きはじめた。

配送から早く戻れた日は、「何か仕事はないですか?」と社長や専務に聞いて回って引き受けた。どんな仕事であっても文句を言わず、なんでもこなしたし、車庫の整理など、自分でも仕事を探していった。

ときに残業になることもあった。ところが不思議なことに、仕事をしていると、どんどん気持ちがよくなっていったのだ。

「なに、自分だけいい子になって！」ドライバー仲間の反応は、決して好ましいものではなかったが、気にならなかった。


ある朝、出社すると専務に呼ばれた。

「今日はトラックに乗らなくていいから、内勤で請求書の処理をしてくれ」

その日から、トラックに乗らないことが増え、だんだんと仕事内容も変わり始めた。

しばらくして、僕は役員に抜擢された。


言われたことしかやらない人は、それを続ける限り成長はない。

言われたことすらできない人は、救いようがない。

言われなくてもできる（動く）人になろう。

「なりたくない」人がしていることと違うことをしよう。

あまのじゃく的な行動ではなく、小さいことでも、人と違うこと、人がやらないプラスアルファのいいことをやり続けていれば、必ず誰かが見ていてくれる。いずれ、必ず誰かが認めてくれる。組織の中で生き抜くコツである。

03 冠婚葬祭を大切にしろ

人とのつながり、関係の中でおろそかにしてはいけないもの、それが冠婚葬祭である。冠婚葬祭は、人にとって重要な節目だ。

冠＝成人式、婚＝結婚、葬＝葬儀、祭＝法事やお盆、この4つをきちんと行うことができて、初めて一人前の人間と認められるという考えがある。

僕はなかでも、葬と祭はとても大切だと考えている。死とどう向き合うかに、その人の人間性が見え、葬儀はその人が生きてきた価値が現れる場だからだ。

運送会社で役員として順調に仕事をしていたとき、取引先の社長からビジネスの話を持ちかけられ、勉強をかねて葬儀会社の立ち上げを手伝った。

葬儀に立ち会うと、人の生き様や人間の本性が見えてくる。

遺族の様子も様々だ。心から故人を偲《しの》び、送り出そうという気持ちが伝わってくる遺族。仕方なく葬儀は出すが、本当ならお金がもったいないからやりたくなかったなどと言い放つ遺族。

亡くなった父親に息子が罵声《ばせい》を浴びせる様を見たこともある。

彼と故人の間に何があったのか、僕は知るよしもないが、自分の葬儀においてまで罵声を受けることになった父親と、言わざるをえなかった息子の関係は悲しいものだと思った。

身寄りのない人の葬儀はせつない。参列者は僕だけ、なんてことも、実はめずらしくなかった。おそらくお墓参りに来てくれる人もいないだろう。

身寄りのない人の遺体を病院に引き取りに行くのも葬儀屋の仕事だ。故人が生前持っていたお金が葬儀費用に充てられる。お金がない方の場合(ほとんどの人がお金がなかった)は、亡くなった場所の市区町村が費用を出す（法律で定められている)。

引き取った遺体は棺桶に納め、お寺に運ぶ。

夏場の遺体引き取りは大変だった。遺体が腐らないよう、ドライアイスを入れて冷やさなければならない。暑さでドライアイスが溶けてしまうので、朝と晩に棺桶のふたを開け追加する。

一度、夜中にひとりで、お寺に安置された遺体にドライアイスを追加する作業をしたことがある。暴走族時代に「ケンカ上等」などといっていたが、このときの怖さは今も忘れられない。

葬儀は人生の集大成だ。

人を大切にしてきた人は、大切に見送られる。

自分のことばかり考えて生きてきた人は、最後の最後でそのツケを払わされることになりかねない。

死はすべての人に訪れる。それは、今日かもしれないし、明日かもしれない。

あなたはどちらを望むだろうか。

04 違うものは違う

僕の会社では米軍と仕事をしている。

彼らとの仕事は学びや気づきが多い。

そのひとつが、違うものは違う、ということだ。

米軍とのはじめての仕事は、横田基地にあるゴミ箱の掃除だった。その後、倉庫の作業や陸送の仕事を経て、基地内の芝生の管理業務をするようになった。

日本人である僕たちが「芝生の管理」と聞いて思い浮かべるのは、長さを整え、きれいに育てることだと思う。

最初は、僕もそう思った。

しかし、彼らの話を聞き、アメリカの人たちにとっての芝生の存在は特別なものであることを知った。日本人が、仏壇に対して抱く気持ちに近いかもしれない。

しっかり管理された芝生は人間性の象徴。前庭の芝生の手入れがきちんといき届いているか、管理されているかどうかで、家主や兵士たちはラベリングされる。若いファミリーが引っ越してくると、隣人たちが芝の刈り方や水まきのレクチャーをすることもあるそうだ。

横田基地では、司令官が変わると、そのたびに芝生の管理の仕方が変わる。それを一から把握して対応するのが僕たちの仕事だった。

アメリカ政府の要人が来日するときは、上へ下への大騒ぎになる。要人が通るルートにはゴミひとつ落ちていてはいけない。少なくとも、そのルートだけは完璧に仕上げておかなければいけない。

万が一、大切な芝生が伸びていたり、芝目が乱れていたりしたら、担当責任者は左遷だ。基地の最高責任者であっても、いつ僻地《へきち》に転勤させられるかわからない。

たかが芝生で？　と思う人もいるだろう。

でもそれが現実なのだから、受け入れるほかない。

相手の要望に応えるのがビジネスだからだ。
そこにこちらの常識はいらないのである。

人はひとりひとり考え方も感覚も違う。育った環境も文化も違う。理解できないこと、受け入れにくいことがあって当然だ。

なのに、つい忘れて自分の経験、思考に沿って考えてしまうから、失敗が起きる。

仕事で相手に受け入れられ、認められるには、相手を素早く理解し、違いをスピーディーに学ばなければいけない。

実際、文化と習慣、考え方の違いをいち早く理解できた人が成功している。

いい悪い、好き嫌いの問題ではない。

大切なのは、他人と自分の違いをいち早く理解し、それを認めること。そして、そのスピードだ。

違うものは違うのだ。

05 相手を先回りしろ

米軍との仕事で鍛えられたことに、タイムスケジュールがある。

アメリカ人の休暇に対する考え方や習慣は、日本人とはまるで違う。

彼らには正月休みもお盆休みもない。そのかわり、クリスマスとサマーホリデーを大切にする。本土に帰ると、平気で1、2か月帰ってこない。日本人には考えられない休暇の取り方に、最初は戸惑い、失敗することも多かった。

僕たちは、請求書に作業終了のサインがなければ米軍に作業代の請求ができない。

しかし彼らは、バケーションの日がくると請求書のサインもせずに本土に帰ってしまう。

小さな会社で2、3か月入金が遅れることは死活問題だ。これには本当に困ってしまった。何度か失敗したあと、僕は学んだ。彼らと仕事するには、先回りが必要だと。それもちょっとやそっとの先回りじゃない。1か月超は必要だった。

それからというもの、打ち合わせのたびに責任者のスケジュールを確認することにした。

「マネージャー、楽しいバケーションはいつからだい？」

「バケーションには、予定どおり行けそうかい？」

あくまでもフレンドリーに尋ね、相手の都合に合わせて、こちらの都合を入れ込む。請求書も早めに作成し、サインも先回りしてもらっておく。

すると、仕事がスマートにいくようになっただけでなく、人間関係もよくなった。

先回りするには、相手のことを考え、尊重して動くことが絶対だからだ。日本ではこうだから、ウチではこうだからというのは、相手には関係のないことだ。

スケジュールは相手ありきで考える。

それが、何より肝心だ。

06
とりあえずやってみろ

人生はいつでも初体験の連続だ。

有名企業の経営者も、一流のアスリートも、歴史に名を残す偉人も、みんな最初は素人で、初体験からスタートして、それぞれの場所までたどり着いている。

生まれたときから経営学を知っている人はいない。

生まれたときから１００メートルを10秒で走れる人はいない。

今日あなたがしたことも、おそらく生まれたときにはできなかったことばかりのはずだ。

僕だって、生まれたときからバイクに乗れたわけではない。

なのに人は、歳を重ねると、新しいことに臆病になる。

知らないこと、わからないこと、経験のないことを怖いと感じるのは当然だ。

でも、そこで躊躇《ちゅうちょ》して行動しないでいることは、実はもっと怖いことかもしれない。

せっかくのチャンスを、指をくわえて見ているだけ。みすみす逃してしまうことにもなるだろう。

0歳から6歳までの自分ができていたのに、現在の自分ができないことはあるだろうか。

0歳から6歳までの自分に負けるなんて悔しすぎる。

だから僕は、わからなくても、とりあえずやってみる。

バカだと思われてもいいから、やってみる。

だって知っているから。

やってみなければ何も始まらないと。


23歳のとき、僕は会社を創業した。

資本金850万円での船出だった。暴走族時代の仲間を中心に17人に発起人になってもらい、出資してもらった（僕の出資は220万円だった）。

勢いよくスタートしたものの、事業についてはまったく何も考えていなかった。決まった仕事もなかったし、仕事を出してくれそうな先のアタリもなかった。

仕事がないからお金は出ていく一方。数か月後には資本金を食いつぶし、通帳の残額はたった12万円。これでは、来月の社員の給料が払えない。自分の給料なんてもちろんゼロ。完全に赤字の状態だ。

「これは、ヤバイ……」

僕は営業に走り回った。

最初に請け負ったのは、静岡から八王子までの引越しの仕事だった。次が運送会社へのドライバーの派遣業務。しかしこれでは、たいした売上にはならない。

「どうしよう……」

悩んだ僕の頭にふと、Sさんが浮かんだ
これは神様の思し召しと、さっそくSさんに連絡した。米軍の契約官である彼の取り計らいで、米軍と仕事ができるよう登録させてもらうことになった。

横田基地で手渡された申請書を見て、僕の目は点になった。すべて英語で書かれていたのだ（当たり前だが……）。生まれて初めて、「ちゃんと勉強すればよかった」と思った。辞書を引きながら読んでみても、意味がわからない。途方にくれた僕は、ダメもとで無数にある項目すべてにチェックを入れて帰ってきたのだった。

数日後、Sさんから電話がかかってきた。

「白柳さん、かんべんしてよ～。登録申請書のことなんだけどさ……」

「な、何か問題ありました？」

「戦艦のリースOKってあるけど、大丈夫？　あと、カトリックのクリスチャンだって聞いていたけど、神父と牧師の派遣できるの？」

まったくもって記憶にないが、どうやら戦艦のリース、神父と牧師派遣ができると答えていたようだ。

「本当にもう、メチャクチャだよ。しょうがないから、こっちで適当に登録しておくから」

「よろしくお願いします！」

迷惑をかけてしまったが、Sさんのおかげで無事に登録でき、在日米軍と仕事ができるようになった。現在では弊社の仕事の大きな柱のひとつとなっている。

あのときあきらめていたら、会社の現在はなかったかもしれない。

それからも僕は体当たりで会社を経営している。

とりあえずやってみる、の繰り返しの日々だ（失敗もたくさんしているが）。

たとえ失敗したとしても、行動する人、実行する人には光が射す。

行動すれば、必ず何かが動き出す。そして、次の何かにつながっていく。

あなたを取り巻く世界が動き始めるのだ。

たまたまうまくいっただけだと思うだろうか。

でも、あなたの内に秘めた、やる気や斬新なアイデアも、行動して外に出していかなければ、誰にも知られずに、いずれ古くなり腐れていってしまうだろう。

まずは、動き出そう。

今は信じられなくても、そのうち結果がついてくる。必ずだ。

07 認められたいなら、まず相手を認めろ

力で押さえつけようとしても人の心は動かない。

認められたいなら、まず相手を認めることだ。

ミッキーズで楽しく過ごしているうちに、気づいたら僕は幹部になっていた。

別にケンカが好きなわけではなかった。ただ1番になりたかっただけだ。ナメられるのがイヤだったから、やられたらやり返していたけれど。

幹部になったとき、自分が本当はどうしたいのか、自問自答してみた。

僕は気が強いが、それほどケンカが強いわけでもないし、体格がいいわけでもない。

実際、僕よりケンカが強いヤツ、それもハンパなく強いヤツは何人もいた。

幹部として、そしていつか1番、つまりリーダーになったとき、どうしたらみんなを守れるだろう？

力で治めることなんてできそうにない。じゃあ、どうすれば、チームはまとまるだろう？


そんなことを考えたのには理由があった。

暴走族に入る前年、中学3年のときに隣の多摩市の不良グループとの間で大きな抗争があった。呼びかけに集まった八王子中の不良連中は50人以上。大乱闘は警察沙汰となり双方合わせて数十人が検挙された。その後も、敵対するグループと街で目が合えばケンカ、自宅を襲撃したりされ返したり、ときには自宅の窓ガラスを割られたこともあった。無意味なケンカ、傷つけ合いは終わりのないループのように感じられた。

「こんなことしていても、誰のためにも、なんのためにもならない……」

しかし結局何も変えることができず、多くの仲間が鑑別所や少年院に入った。

それ以来、僕は、仲間に頼りにされ、仲間を守れる男になりたいと考えていたのだ。

「ミッキーズの仲間にそんなことをさせたくない」

バカなりに、真剣に、毎日毎晩考え続け、たどり着いた答えは、1番になりたいという自分勝手な考えや、力で支配するという思い上がりを捨てることだった。

チームの仲間みんなにいいところがある。僕がかなわないこともたくさんある。

そう考えることにしたのだ。

いつもライバルとして張り合ってはいるけれど、心の中では男として認めているヤツがいた。まず、その彼に、

「お前、すごいな、かっこいいな」

と、声をかけてみた。

それ以降、彼との関係が深まった。くだらない意地を張るのをやめ、素直に思ったことを話したことで、彼も腹を割って話してくれるようになった。

相手の存在、いいところを素直に認め、言葉に出して伝える。僕は続けていった。

すると、だんだん仲間も僕を認めてくれるようになった。

それはチーム内だけに留まらず、八王子の他の暴走族のメンバーとも同じように関係をつくっていくことができた。

19歳のとき、僕は「ミッキーズの8代目総長」になった。

アタマになった僕の最初の仕事は、組織のチームワークをより強化することだった。
結果的にそれが「ミッキーズ」という組織を強くしていき、仲間たちを守ることができると考えたのだ。

規模や種類に関係なく、どんな組織でも人を動かすための1歩は、まず相手を認めることから始まる。

相手を認めると、思ったよりも簡単に人のいいところが見えてくるし、自分も心地よくいられるようになっていく。

フェイスブックで「いいね！」ボタンを押すときのように、相手の話を聞いてみるなり、やっていることを見てみよう。きっと、何かあるはずだ。

どんなことでもいいから、何か見つけたら素直に「お前、すごいよな」って口に出して言ってみることだ。

あなたを取り巻く世界は変わっていくはずだ。

08 最初はアタマを抑えろ

暴走族といえば、ガンを飛ばして周囲を威嚇するようにして、爆音を轟《とどろ》かせながら集団でバイクや車で走るイメージがあるだろう。

でもそれはちょっと違う。

暴走族をやっている連中はみんな、なんだかんだいっても走ることが好きだ。だから、集会で走るときは、自然と笑顔になっていた。

仲間内で集まって20~30人で急きょ夜の街に繰り出すことを「走り」「流し」といい、前もって日程を決めて数十人、多いときには数千人が集まって走ることを「集会」と呼んだ（当時は、お祭りの神輿《みこし》と同じように各グループの集会に便乗して参加できたため、大人数となることが少なくなかった)。

大人数で走ると、自分の前にも後ろにも数百台分の車とバイクのヘッドライトで光の道ができた。みんながひとつになる、最高の瞬間だ。


ほかにもグループが一致団結することがある。敵対するグループとの抗争だ。

100人ほどの組織ともなると、いろんな人間がいる。ケンカが大好きなヤツ、走ることが大好きなヤツ、やさしいヤツ、腹黒いヤツ、何よりも女が好きなヤツ……。それが抗争時には、言葉を交わさずとも一丸となって戦うのだ。

古来、政治の世界や国同士の争いでも使われてきた手法に、「共通の敵」をつくるというやり方がある。たとえば、米ソ冷戦時代は西側諸国の共通の敵はソ連だったし、今でも中国は国内で民衆の不満が高まってくると日本を敵に見立てて彼らのガス抜きをするともいわれる。

暴走族にとって抗争は同じ効果があった。しかし僕はそんなことを繰り返していても意味がないとも感じていた。争いをしていても心が荒《すさ》んでいくだけで、何も生み出さない。たまたま違う看板を背負っているが、もともとバイクが好き、走るのが好きという価値観は同じなのだ。

そこで僕は、小さな争いは起きても、チーム同士の大掛かりな抗争は避けられるよう、敵対チームとの関係を構築することを考えた。

先にも話したが、八王子には「ミッキーズ」を含む3つの大きな暴走族があった。「八王子スペクター」とは、もともと友好関係にあったが、「影」はよそのグループとは交わらず単独で行動するグループだった。

あるとき、当時「影」のアタマだった0が幼稚園のとき敵対していた隣のクラスのガキ大将だったことがわかった。僕がばら組で0がうめ組。不思議な縁だ（笑）。

それからというもの、僕たちはいろいろ話すようになった。

期せずして0と関係を築けたことで、八王子の3チームで数百人規模で行動を共にすることもあった。

何かを成し遂げたいと本当に思うのなら、アタマを最初に抑えることだ。

09 後悔したことは忘れるな

トップを張るということは、暴走族に限らず、チーム、グループのメンバーを守る行動をとるべき立場にあるということである。それは、ときに自分の思いや感情を押し殺さざるをえないこともあるということだ。

さらに、他のチームやグループと協力体制をとるには、トップ同士が互いに認め合い、支え合い、ときにはそのチームを守るための判断を下さなければならない。

このことを理解するために、僕はとても大きな犠牲を払うことになってしまった。

今でも忘れられない心の傷であり、大きな後悔となっている。

高校卒業後、僕は専門学校に進んだ。学校が終わったら西八王子の駅前にある喫茶店でアルバイト、その後、暴走族活動というのが僕のライフスタイルになっていた。アルバイト先は暴走族仲間の溜まり場にもなっていて、「ミッキーズ」の連中はもちろん、「スペクター」や「影」の幹部たちも遊びに来ていた。

仲良くなった「影」のアタマ0にいたっては、僕以上に店に入り浸っていた。アタマとしての悩みをお互い相談し合うこともしばしばあった。同志であり親友だった。

それは、ゴールデンウイーク目前のよく晴れた日だった。

僕は専門学校の授業を終え、友人とアルバイトに向かうため駅への道を急いでいた（学校にはちゃんと電車で通っていた）。

そこで事件は起きた。

駅前でガラの悪い連中7、8人とばったり出くわしてしまった。すぐに雰囲気で暴走族の連中だとわかった。相手も僕が「ミッキーズ」のジャンバーを着ていたことに気づき、因縁をつけてきた。

売られたケンカは買うのが筋。逃げるわけにはいかない。これが暴走族のルールだ。

しかし、7、8人相手に2人で向かうのは明らかに分が悪かった。恥ずかしい話だが、僕らはその後、袋叩きにあってしまった。

バイト先に行くと、いつもの連中が遊びに来ていた。ボロボロの様子に気づいたOに聞かれるまま事情を説明すると、彼が立ち上がった。

「敵討ちに行くぞ、今夜襲撃だ」

すぐさま連絡が仲間たちに伝わり、「ミッキーズ」「スペクター」「影」のメンバーが大勢、集結した。

僕は、この時点でみんなの行動を止めることができたはずだった。しかし、自分が袋にされた悔しさと、仲間がいれば負けるはずなどなかったという思い、やられたらやり返すのが族の掟だからと、先頭で出発してしまったのだ。

相手は「小平のブラックエンペラー」という有名暴走族だった（国立7代目総長は俳優の宇梶剛士さん）。その夜、みんなで襲撃し、その1週間後に起きた2回目の抗争は、警察に捜査本部ができる大きな事件となった。双方合わせて90人が摘発され、その半分以上が逮捕された。僕も逮捕され、八王子少年鑑別所に送られた。

鑑別所で、冷静になると激しい後悔が襲ってきた。僕のせいで多くの仲間が逮捕され鑑別所や少年院に送られた。その中には奥さんや子どもがいる者や正社員として働いている者もいた。彼らの人生に大きな傷をつけてしまったのだ。

Oにいたっては数か月前に少年院から出てきたばかりだった。なのに、兄弟分のお前のためだと抗争に加わってくれた。逮捕状が出ていたが、家に帰らなかったことで、まだ捕まっていないという。もしかしたら、少年院に逆戻りかもしれない。そう思うと、申し訳なさでいっぱいだった。

僕が鑑別所から出た日、仲間たちが迎えに来てくれ、その夜はパーティーを開いてくれた。そこにOもいた。僕が逮捕された日から約40日間逃げ回り、帰りを待っていてくれていたのだ。僕は素直に喜べなかった。これから逮捕されるだろうことを考えると、気が狂いそうだった。浴びるほど酒を飲み、愚かにも急性アルコール中毒で病院に運ばれた。

朝、目が覚めると、Oの姿はなかった。病院に付き添ってくれていた「影」の仲間に聞くと「警察に自首をした」とのことだった。

僕は組織のトップとして、みんなを守らなければいけない立場である自分の心と感情をコントロールできなかったために、大きな代償を払うことになった。

このときの本当の敵、それは、僕を襲ったヤツらではなく、僕の心だった。

僕が自分自身に負け、大事な仲間をこんな目にあわせたのだ。すべて、僕の責任だった。

生涯、このときの出来事と後悔は忘れずに生きていくつもりだ。

自分の感情を優先するのではなく、全体を考えて行動する。

このとき学んだことは経営者になった現在も、僕の行動指針となっている。

CHAPTER
3

ビジネスの成功は思いつきと思いきり

01 理想すら持てない人は前に進めない

会社を創業してまもない頃、トラックを運転している僕の耳に、ラジオからこんな話が聞こえてきた。

「うちの会社の社長が、先日、亡くなりました。しばらくして、社内で幽霊が出るという噂が立ちました。その幽霊は必ず、夜、会社を最後に出る人が鍵を締め終えると現れて、〝ごくろうさん〟と言うらしいのです。最初こそ、みんな怖がっていたのですが、『死んだ社長が、社員に〝ごくろうさん〟って言っているんじゃないか』と誰かが言い出して。現在《いま》では帰るとき、社長に挨拶するようになったんです……」

うらやましかった。社員にそんなふうに思われる社長はすごいと思った。

それ以上に、死してなお、社員を見守り、会社を見回り、大切に思う純粋なその社長の心根に憧れた。

僕もそんな社長になりたい。それ以来、幽霊話の社長が僕の目指す社長像になった。


43歳のとき、僕は3日間、意識不明の状態に陥った。

前日までの香港出張の疲れがとれないまま会合に出たその日、家に帰ると、頭の後ろから首にかけて異常に痛みを感じた。念のため病院に行くと、すぐに入院となった。

首に走っている4本の動脈のうちの1本が破れた動脈乖離《かいり》が原因で、生死に関わるとても危険な病気になってしまったのだ。

治療後3日間、僕は意識不明となった。

だが本当は、意識はあった。

何を言っているのかと思うかもしれない。

臨死体験という言葉を聞いたことはあるだろうか。

生死の境をさまよった人が光を見たり、きれいな花畑に行ったり、死んだ肉親に会って

「お前はまだ来るな、帰りなさい」と言われたりといった体験をすることだ。

信じる、信じないはあなた次第だが、僕はそんな世界に行っていた。

美しい花々が咲き乱れるとても気持ちのいい場所にいた。しばらく歩いているときれいなホテルがあり、その前に人影が見えた。近づいていくと、そこには10人ほどの今まで見たこともないような美女がいた。彼女たちは手を振って、おいでおいでをしてくれた。

「ここは……天国か？」

僕は彼女たちに近づいていった。

「もう働かなくていいのよ、いつまでもここで私たちと楽しく遊んでいられるのよ」と彼女たち。

ふらふらと引き込まれそうになったそのとき、空から子どもたちの声が聞こえた。きょうだいの中でもいちばん声が大きな次男、瑛人《えいと》の「パパ！」の呼びかけに僕は足を止めた。

ふと気がつくと、僕はまっ暗な世界にいた。

周りには、目が血走った餓鬼《がき》のような男たちがたくさんいた。驚いて呆然としていると目の前にロープのようなものが下りてきた。その先には小さな光がかすかに見える。その瞬間、男たちがロープ目がけて走り寄ってきた。

「これが蜘蛛《くも》の糸か」と思った僕は力いっぱいよじ登った。下から無数の男たちが、我先にと登ってきて僕を引きずり下ろそうとする。狂気の世界だった。

「これが地獄なんだ」と、思った。ただただ恐ろしかった。


なかなか先が見えず、疲れと恐怖とで「もうダメだ……」と登るのをあきらめそうになったとき、また上のほうから子どもたちの声が聞こえてきた。

「パパ、頑張って！」

その声を頼りに、無我夢中でなんとか登り切った。

「本当に登り切った？」

また、瑛人の声。

「うん、登り切れたよ」

僕はやっとの思いで答えた。そこで意識が戻った。

僕はひとり、ベッドで寝かされていた。

家族ですら、部屋に入れてもらえない——それぐらい危険な状態だった。

通常は破れた血管から大出血し、死亡するのだが、血管の最後の壁が破れずに閉塞していたため、さほど出血がひどくならず、僕は助かった。

今でも思う。

もし、あのまま逝ってしまっていたら、あの世から家族や社員たちのところに行けただろうか。

それまで何ひとつ父親らしいことをしてあげられていなかっただけでなく、家族のことを顧みてこなかったから（意識が戻ってすぐ思ったのは、子どもたちへの「ごめんな」だった）、永遠に蜘蛛の糸を登り続けていたかもしれない。

ただ、僕は生きている。

とりあえず、「まだまだ、お前にはやることがある」ということだと思う。未熟者のお前は、この世でやるべきことはたくさんあると叱咤激励してもらったような気がした。

この日から僕は前にもましてラジオで聞いた社長を理想として追いかけ続けている。

かなうかどうかはわからない。でも、このときの体験が、僕にとって、苦しいときに、あきらめず前に進んでいくための道しるべとなっている。

理想とは漠然とした夢のことではない。想像する中で自分にとって最高のシチュエーションのことだ。

ホームランを打っているイメージができない人が、ホームランを打てるはずがない。

仕事がうまくいくイメージができない人が、仕事で成功できるはずがない。

理想があるからこそ、次の一歩を踏み出す方向がわかる。

目指す場所がわかる。

理想を持つことから、すべてが始まるのだ。

02 見せなければ誰にも伝わらない

「こころ」はだれにも見えないけれど
「こころづかい」は見える
「思い」は見えないけれど
「思いやり」はだれにでも見える

『行為の意味』（ごま書房新社）より

詩人で作詞家の宮澤章二さんの詩の一節だ。2010年のACジャパンの公共広告CMにも使われたから知っている人もいるかもしれない。

人は誰でもやさしい心を持っている。でも、それを行為や行動で表さなければ相手には伝わらない。自分の思いを相手に伝えたいなら、「気遣い」や「心遣い」をカタチにすることだ。

そのことを僕に教えてくれた人がいた。

物流会社で働いているとき、O社長からある「特命」が伝えられた。それは、ある人のマネージャー兼運転手として働くことだった。付き人みたいなものだ。

その人、Iさんは、キックボクシングの元東洋チャンピオン。

福岡で生まれ、孤児院で育った。

16歳でボクシングを始め、17歳でキックボクシングに転向。東洋チャンピオンにまで昇りつめ、引退後はI道場を開き、魔裟斗《まさと》やボブ・サップ、小川直也などといった格闘家が通っていた。また、離れ離れで暮らしていた弟1人と妹2人を呼び寄せ、自分だけの稼ぎで養い、大学まで行かせた人だ。

僕の仕事は、朝6時に車でIさんの自宅に行き、洗濯、台所掃除をする（水滴ひとつ残さず磨き上げる）ことから始まった。掃除を終えたら「おはようございます」とIさんを起こし、朝食。

その後、Iプロモーションという I さんが経営していた会社に移動し、仕事を手伝ったり、お客様の対応をしたり。夕方から道場に行き一緒に汗を流し、夜はお客様との食事会やクラブの接待など1日中付き添って、夜に自宅へお送りする。スーツをハンガーにかけて、風呂を沸かし、洗濯物をたたみ、Iさんが風呂から出て寝るのを待って失礼する。これが毎日のスケジュールだった。

Iさんは苦労人だったから人への思いが強く、気遣いや心づかいはハンパではなかった。相手の気持ちを汲み取って、常に先回りして行動。その細やかさ、温かさには感動を伴っていた。

だからこそ、自分の思いをきちんと口に出し、行為で表す人だった。

たとえば、Iさんが、風邪を引いて数日仕事を休んだことがあった。元気になって会社に来るなり、彼は直属の部下である部長をいきなり殴《なぐ》りつけた。

その場にいた人たちはビックリしすぎて、動けなかった。

「俺が寝込んでいるのに、様子を見に来たり、『体調はいかがですか?』と電話一本寄こしたりできねえのか?」

理不尽に思えるかもしれない。殴られた人も謝ってはいたが、なぜ殴られたのか、いまいちわかっていなかったんじゃないかと思う。

でも、Iさんが言ったことは、とても大事なことだ。体調が悪いときに電話をもらって気遣ってもらったら、誰だってうれしい。そんなこと、みんなわかっている。だったらやれよ、という話だ。気遣いができる人間は強い。

暴走族時代の上下関係の厳しさで、先輩への礼儀は学んだつもりだったが、Iさんの気遣いはレベルが違った。かなり理不尽なことでよく怒られたが、振り返ってみると、そこには気遣いが足りないなど、怒られるべき理由が必ずあった。

こんなこともあった。

車を運転しているときに渋滞に巻き込まれた。

渋滞にはまっていよいよ動かなくなったのでブレーキを踏んだとたん、黙ったままIさんに後ろから蹴られた。元とはいえ、キックボクサー、それも東洋チャンピオンの蹴りだ。それもイライラしているから、パワー倍増。失神してもおかしくないほど痛かった。

でも、渋滞は僕にはどうにもできないことだ。

僕は考えた。Iさんは、どうして蹴ったのか――。

渋滞に巻き込まれない道路を選択しろと、準備が足らないとの指摘だったのかもしれない。渋滞にはまるのがわかっているのだから、Iさんのお気に入りの飲み物を買っておくとか、イライラする気持ちを紛らわせるものを用意しておくことだってできる。

そうすれば、同じ渋滞にはまるとしても、まったく違う時間の過ごし方になったはずだ。

運転手として、乗せる人への気遣いが足りないという指摘だったのだろう。


いくら心で思っていても、行動に移さなければ相手には伝わらない。

相手の思いを先回りしてカタチにして提供できなければ、本当に認めてもらうことはできない。


これは何も人への気遣いや心遣いに限ったことではない。

仕事も、コミュニケーションも、みな同じだ。

先読みして、カタチにして、見せる。そうすれば、どんなシーンでも、あなたの評価は高まっていくはずだ。

03 考え続けた者が成功する

ビジネスを成功させる単純な理論がある。

それは、わかりやすいカタチで、他社と自社商品との差別化を行い、顧客満足度を上げることだ。ここでも〝見せる〟ことがカギとなる。

よほどのことがない限り、買い物に行く際は、品ぞろえが多いからとか値段が安いからとか店が近いからとか店員の態度がいいからとか、様々な判断材料から、お店を決めて出かけているはずだ。

このとき、選ばれる店になること、つまり、ビジネスのアイデアを考えていくのが経営者の永遠のテーマなのだ。

以前、特攻隊の基地があることで有名な、鹿児島県の知覧《ちらん》での研修に社員を連れて行ったときのことだ。鹿児島市内の西郷隆盛と所縁《ゆかり》のある場所で、僕は、あるお土産屋さんのおばさんの声に思わず立ち止まった。

観光地のお土産なんて、日本全国どこも包装紙や形が違うだけで似通っているから、普段はあまりのぞくことなどないのだが（ちょっとしたお菓子なら東京駅で買えるし）、そのおばちゃんの店には、入りたくなってしまったのだ。というのも、

「買い物してくれたら、おつりに最高3枚100円札入れて渡すよ。買い物してくれたら2枚まで両替してあげるよ！」

旧100円札の束を持って、呼び込みをしていたからだ。どうしても100円札が欲しいわけではなかったが、「おもしろい！」と思い、店の中に入って物色を始めた。

「買ってかないと後悔するよ！」

なんて追い打ちをかけ、僕を煽《あお》るおばちゃん。欲しいものもなければ、家族のお土産にもなりそうなものもない。でも、せっかくだから何か買いたい。結局、よくわからない豚のキーホルダーを買うことにした。

ボタンを押すと目が青く点滅して光り、ボタンを押し続けると鼻がライトになる。ボタ

ンを押すとブーブーと鳴く。韓国や中国のマーケットだったら20円ぐらいで売っていそうな代物だ。

しかし僕はそれを、なんと３００円で買った。ふだんなら１００円でも目もくれないだろう。

つまり、おばちゃんの旧１００円札アイデアに３００円支払ったようなものだ。

「おばちゃん！　すごくいいアイデアだね！」

そう言って満足して店を出た僕は、おばちゃんに完全にノックアウトされてしまったのだった。

アイデアと思いきりのよさが、ビジネスの成否のカギなのだ。
そこには、場所も人も関係ないのである。

まさか西郷どんのお膝元でビジネスの基本を学ぶとは思わなかった。

ちなみにこの豚さんは、翌朝、日の出前の散歩で大活躍していた。

お得な買い物だった。ありがとう、おばちゃん。

04 人に道を聞かれる人になれ

あなたが道に迷ったときのことを考えてほしい。

知らない街で、道に迷ってしまった。陽が落ちればさらに迷うことは必至だ。

誰かに尋ねて、正しい行き方を教えてもらうしかない。

このとき、誰でもいいやと思って声をかける人は少ないだろう。

道を知っていそうな人、話を親身に聞いてくれそうな人、ウソをつきそうにない人、方向感覚が正しそうな人、怖そうでない人、やさしそうな人……と知らず知らず、選定して声をかけているはずだ。

その厳しい審査に合格した人、つまり、それだけチェックを受けたにもかかわらず、クリアして道を聞かれる人は、人から信頼されやすい人ということだ。

人に信頼されやすいということは、ビジネスマンとしてかなりの強みとなる。

僕の会社のナンバー2のKとナンバー3の常務のUは、よく人に道を聞かれる。

実際、仕事はデキる

僕はこの2人を心から信頼している。

Kは、会社を設立して1年目に入社した。当時、定時制の夜間高校に通っていた彼には30人を超える上司・先輩がいた。学校を辞め、彼は仕事に打ち込み、能力を発揮してどんどん役職が上がっていった。抜かれた上司・先輩たちですら「Kならしょうがない」と、受け入れた。それだけ彼は信頼され、愛されているのだ。

7年前、沖縄事務所を立ち上げた。

沖縄の米軍向けの新聞を発行する仕事をいただいたので、Kに1か月ほど沖縄に行ってもらった。僕が沖縄を訪ねた際、迎えに来たKと共に事務所に向かう途中でコンビニに立ち寄ると彼が、

「社長、これ見てください」

とレジ前にあった情報誌を持ってきた。びっくりした。なんとその表紙に、Kがデカデカと掲載されていたのである。

「情報誌をつくっている社長と仲良くなったら、載せてくれたんです」

さすがである。

ビジネスでは、日々、初めての人と会い、そこから関係を築いていかなければならない。初めて会う人は、あなたのことを何も（もしくは、ほぼ）知らないのだから、第一印象や雰囲気で判断する。

つまり、街で道を聞く人と同じなのだ。

言い換えると、人に道を聞かれるということは第一印象がよいということ、反対に人に道を聞かれないということは第一印象がさほどよくないということだ。

どうすれば、人に道を聞かれる人になれるか。

それは相手が聞きやすい雰囲気を醸《かも》し出すことだ。

笑みを忘れず、やわらかな口調で話すなど、自分が話しかけたい人をマネてみるのでもいいだろう。

ある著名な女性経営者は、日本だけでなく、海外でも道を聞かれるという。「もう大変よ～」とおっとり笑っているが、彼女の会社は世の中の景気が悪くなっても着実に売上を伸ばしている。

自分は人からどう見られているのか、どう思われているのかを考えてみることだ。印象や雰囲気で損をしているなら、それはもったいないことだ。

05
本を読まぬ者は失敗する

活字離れがいわれるようになってからずいぶん経つ。実際、年々本を読む人が減っているという。

だからこそ、あなたは本を読んだほうがいい。他の人が知ることのできない知識や情報を手に入れられるチャンスに飛び込まないのは、本当にもったいない。

会社を創業して数年後、ある友人から1通の手紙をもらった。まだメールが普及していない頃のことだ。そこには、次ページのようなことが書いてあった（あとでわかったことだが、東京都大田区にある年商90億円のお弁当屋さんの企業理念だった）。

12の項目はどれも耳が痛かったが、中でも「ひま（暇）がないといって本を読まぬこと」

事業に失敗するこつ

1. 旧来の方法が一番良いと信じていること。
2. もちはもち屋だとうぬぼれていること。
3. ひまがないといって本を読まぬこと。
4. どうにかなると考えていること。
5. 稼ぐに追いつく貧乏なしと
むやみやたらと骨を折ること。
6. 良いものはだまっていても売れると
安心していること。
7. 高い給料は出せないといって人を安く使うこと。
8. 支払いは延ばす方が得だとなるべく支払わぬ工夫をすること。
9. 機械は高いと云《い》って人を使うこと。
10. お客は我がまま過ぎると考えること。
11. 商売人は人情は禁物だと考えること。
12. そんなことは出来ないと改善せぬこと。

「玉子屋の企業理念」（株式会社玉子屋 HP より参照）

にはハッとした。

マンガは大好きだったが、いわゆる本はあまり読んでこなかった。文字だけの本は面倒くさい、そう思っていたからだ。だから、ドキッとはしたものの、本に手を伸ばすことはしなかった。

日本を代表する芸術家 故・岡本太郎さんが、「本は自分自身との対話だ」と著書で書いているが、当時の僕は知らず知らずのうちに、自分と向き合うことを避けていたのかもしれない。会社の経営なんてなんとかなると、タカをくくっていた。


ところが、その数年後、友人からもらったメッセージが現実のものとなった。

会社に大きな危機が訪れたのだ。継続して仕事をいただけるものと安心していた大口の契約を2本も逃し、売上は一気に半分以下に。結果、1億円近い赤字を出してしまった。

このままでは潰れてしまう——。

焦った僕は本屋に駆け込み、いちばん薄い会社の決算に関する実務書、会社を倒産させてしまった元経営者の本を買いまくり、読みあさった。

ゾッとした。

失敗した社長の話はすべて僕に当てはまり、会計書に書かれたチェックすべき数字と項目は、すべて僕の会社に対して危険信号を点滅している、と言ってもいいほど、危うい状況だった。

いかに自分が、社長であるにもかかわらず会社の現実をわかっていなかったか、痛いほど思い知った。

それからは、必死で本を読み、会社の経営を一から学んだ。社長として、知っておくべき知識と情報を吸収した。日々、発見の毎日だった。１ページ１ページ何かしらの気づきがあった。

そして神風が吹き、会社はすんでのところで持ちこたえ、現在は、このとき学んだおかげで経営も安定している。

今どき本なんて、と思うだろう。
でも本だから、見えてくるものがある。
気づかせてくれることがある。

僕は毎年、僕自身が感銘を受け、人間性を磨けると感じた本を、会社で支給する社員手帳の中で「推薦図書」として社員に紹介している。仕事に活かせるもの、スキルアップに役立つものは、社員たちにも読んで成長してほしいからだ。

社員から薦められることも多い。教えてもらった本は、すぐに読むようにしている。その中からよかったものを推薦図書として載せることもある。

この推薦図書にはもうひとつ意味がある。

僕の言葉では伝わらないようなことが、本なら素直に受け入れてくれるのではないか。そう考えての取り組みだった。

自分の言葉で説明すると、つい熱くなってしまうが、本に書いてあることならば「ここにこう書いてあるよね」と伝えられる。

この「推薦図書」制度は、とても有効だ。

人は、親や上司の言うことを素直に聞けない（受け入れられない）ものだ。関係性によっては、悪いところを見つけては「あなたの言うことは聞きたくない」となることもある。

ちなみに今年度の社員手帳で紹介した「推薦図書」を１１９ページで紹介している。よかったら、参考にしてほしい。

推薦図書

『7つの習慣 - 成功には原則があった!』スティーブン・R. コヴィー（キングベアー出版）

『心構えが奇跡を生む』ナポレオン・ヒル／W. クレメント・ストーン（きこ書房）

『夢をかなえるゾウ　1＆2』　水野敬也（飛鳥新社）

『思考は現実化する』ナポレオン・ヒル（きこ書房）

『日本でいちばん大切にしたい会社　1～4』坂本光司（あさ出版）

『かばんはハンカチの上に置きなさい』川田修（ダイヤモンド社）

『なぜ「そうじ」をすると人生が変わるのか？』志賀内 泰弘（ダイヤモンド社）

『出稼げば大富豪　1～5』クロイワ・ショウ（ロングセラーズ）

『もし高校野球の女子マネージャーがドラッカーの『マネジメント』を読んだら～』岩崎夏海（ダイヤモンド社）

『新幹線お掃除の天使たち』遠藤功（あさ出版）

『マネジメント［エッセンシャル版］～基本と原則』ピーター・F・ドラッカー（ダイヤモンド社）

『夢に日付を！【新版】夢をかなえる手帳術』渡邉美樹（あさ出版）

『きみはなぜ働くか。―渡邉美樹が贈る88の言葉』渡邉美樹（日本経済新聞社）

『生き方　人間として一番大切なこと』稲盛和夫（サンマーク出版）

『星野リゾートの教科書』中沢康彦（日経 BP 社）

『仕事の流儀』ナポレオン・ヒル（きこ書房）

『奇跡の職場』矢部輝夫（あさ出版）

『嬉しいことばの種まき』村上信夫（近代文藝社）

『なぜあの人は人前で話すのがうまいのか』中谷彰宏（ダイヤモンド社）

『人生と経営はタクシー運転手が教えてくれる』小宮一慶（サンマーク出版）

『街の元気屋さん』元気な街のお店屋さんプロジェクト（PHP 研究所）

『ユダヤ人大富豪の教え』本田健（大和書房）

『会計天国』青木寿幸＆竹内謙礼（PHP 研究所）

――株式会社エイト「経営計画書」(社員手帳のこと）2014 年版より

06 自分の仕事スタイルを決める

年に1回、我が社では「経営計画書」と題した社員手帳を1冊1冊、心を込めてつくり、朱印を押し、社員に渡している。

内容は、経営理念、経営方針「八つの誓い」、「五つの満足」、礼儀の心構え、人事評価に関する方針、スケジュール管理の方法など、多岐にわたる。社員が迷ったとき、この手帳さえ見れば、すべての悩みが解決できる、指針にしてもらうためだ。

取引先やお世話になっている方々にもお配りしているのだが、中身がユニークだと人気がある。

たとえば、次ページのようなことが書かれている。

●お辞儀は、日本が世界に誇る最高の礼儀です。言葉と体が連動し、言葉どおり心を込めてお辞儀する。
(礼儀と心構えについて)

●(お客様に対しては) どんなにこちらが正しくとも、言い訳や反論・議論は一切やらない。
(お客様への正しい姿勢)

●分からないことは即答しないで、必ず調べて返事をする。
(お客様への正しい姿勢)

●クレームは、お客様の目から見た業務改善点の指摘です。クレームで一番つらい思いをしているのはお客様です。
(クレームに関する方針)

●会社の方針に従って行動している者を優先的に昇進させる。例え、有資格者といえども、実務経験が長くとも、会社の方針に従わないもの、全体の利益を考えて行動しないもの、自己啓発に熱心でないものは昇進させない。
(内部体制に関する方針)

●社内不倫は解雇。
(社員に関する方針)

●頑張った人、頑張らない人の賞与に格差をつける。チャンスは平等に与え、学歴による差別はしない。
(人事評価に関する方針)

●良書を読む習慣を付ける。原則年間８冊以上。(略) 3,000円／月の補助を行う。
(教育に関する方針)

●駅前清掃・トイレ清掃。感謝の気持ちを表す。働けることに感謝。生きていることに感謝する。
(社会貢献活動に関する方針)

株式会社エイト「経営計画書」より抜粋 (表記ママ)

どうだろう。何か気になる項目はあっただろうか。

エイトの社員としての判断軸を確認するとともに、自分の判断軸、スタイルを構築していくことになるのが、この手帳の強みだ。


また、社員に自己啓発を促す役割もこの手帳は担い、果たしている。

人は、成長、貢献、成功といった言葉に触れることで、そのことを意識できるからだ。

だから、手帳に立ち戻る機会の多い若い社員たちは、同時に前向きな言葉に触れるため、心から自己啓発を意識するようになる。

たとえば手帳の中で、「一流を目指そう　〜社会人として東大生を目指そう！」と提言しているのだが、そこでは次のようなことを書いている。

- 仕事をするなら、プロフェッショナルと一流を目指したい。
- プロフェッショナルとは、「自分の名前で仕事ができる人」のこと。組織に属していようがいまいが、「あなたにこの仕事をしてほしい」と言われる人である。そこには資格やキャリア、学歴は関係ない。

●一流というのは、「素晴らしい仕事」だと評価され、人に喜ばれ、仕事で尊敬される人だ。そのためには、人より仕事ができなければならないし、それには他の人以上の努力をする必要があるのは言うまでもない。

この日々の積み重ねが、結果、社員の成長であり、僕自身の成長であり、会社の成長へとつながっている。

自分が働くうえでどうしていきたいのか、どこにこだわりを持ちたいのか、何を幸せと考えるのか、書き出してみよう。

それを実行することで、自分のスタイルは確立できる。

自分らしさを早く見つけ、自分の人生を生きよう。

07

人を組織すれば自分の力以上のことができる

ひとりではできないことも、組織の力、ひとりひとりの力を合わせれば実現可能になる。組織の力を上手に使えば、不可能も可能になる。

20歳で暴走族を「卒業」して物流会社に就職した頃、世の中はこんなにも平和なのかと驚いた。

殺伐とした日々の中で、敵対グループと目が合ったらケンカ、改造しているバイクや車に乗ったら警察の目を意識することが当たり前になっていて、いつしか感覚がマヒしていたのだろう（よくよく考えたら、自分から進んで入った世界で、自分から戦いを挑んでいたのだし、すべてのトラブルは自分が勝手に引き寄せていたことだと、後からわかった）。

属する世界が変わると、こんなにも日常はおだやかなものになるのかと、新鮮だった。

しかし、人間は刺激がなくなると物足りなさを感じる生き物だ。おだやかな毎日の中で、何か新しいことがしたくなっていた。

アタマとして暴走族を率いていた僕は、暴走族のメンバーたちの団結力がハンパないことをイヤというほど知っていた。

組織の力や重要性を理解していたし、ひとりでできないことも組織になれば可能になる。ひとりの視野は狭くても、組織になれば世界は広がることも、肌で学んでいた。

それに、せっかく数年間、多くの時間を共にしてきた仲間たちが散り散りになるのは、もったいないし、ちょっとさみしく思う気持ちもあった。

そこで、僕は考えた。何かあったとき、仲間同士で助け合える組織と仕組みをつくってはどうか、と。

思いついたらすぐ動くのが僕のよいところというのかバカなところというのかわからないが、さっそく動き始めた。

といっても、僕がつくったのは、暴走族の上部団体ではなかった。

ボランティア団体だ。

クリスチャンだった母がボランティア活動をしていたのも影響していたかもしれない。

小さい頃から母に連れられ、姉と一緒に養護施設や障害者施設などに行っていたから、ボランティアは普通のことだった。それに、これまでさんざん悪さをしてきた僕たち元暴走族が、人のために役に立つことをするのは、至極当然だと僕は考えたのだ。

まずは、昔の仲間60人ほどに声をかけてみた。ほとんどが「ナンデ？」という反応だった。それはそうだろう。1年前までは暴走族をしていたヤツらに、いきなりボランティア活動やろうぜ！　といっても理解してもらえないのは無理もなかった。

そこで自分の思いと考えを伝えて説得し、最終的に20人が役員になってくれた。当然ながら、「意味がわからない」「かっこ悪い」というヤツもたくさんいたが、21歳のときNAC（ナック福祉協議会）というボランティア団体を設立した。

団体名のロゴは、趣旨に賛同してくれたレストランの「イタリアントマト」のロゴなどを手がけていたデザイナーさんに無償でつくってもらった。ありがたいことだ。

僕たちの活動は、毎年クリスマスに行うチャリティーパーティから始まった。

各企業や政治家のみなさんに声をかけ、協賛品をいただいて、それをオークションにかけ、集まったお金とパーティーの余剰金を八王子の社会福祉協議会に寄付する。

6月と年末の人が集まらない時期には、200人以上に呼びかけて献血センターに来てもらい、献血に協力してもらった。今では当たり前となった成分献血の日本で初めての協力団体となった。

福祉施設への訪問や八王子で開かれる福祉まつりの会場設営などのボランティア活動もした。

活動を通じて、政治、経済、教育、行政など様々な世界での出会いとご縁をいただいた。

立ち上げから20年が経ち、環境の変化で継続が難しくなったために、現在は会社で活動している。

会社の従業員たちもみんな協力してくれている。年末の寄付は今や会社の恒例行事になっている。

僕ひとりでは、絶対にここまでのことはできなかった。

仕事人生において自分の夢を実現したいとき、組織の力を必要とするときが必ずある。

一緒に働く仲間は、今からつくっておくことが大切だ。

08
ピンチを乗り越える弱者の法則

僕は勉強が嫌いだった。だから高校しか出ていない。日本もずいぶん才能を重視する社会に変わってきているが、まだまだ学歴社会。いくら僕が暴走族でアタマを張っていたとはいえ、社会に出たら完全に異端者だった。

そんな僕がなぜ社長になれたのか。

その秘密は「時間」にある。

ピンチのとき、あるいは目標を達成できないとき、なかなか物事がうまくいかないときは誰にでもある。

ピンチのときは、何をすべきか？

どうやったら、解決できるのか？

その答えが時間をかけるということ。

ピンチになったときや迷ったときに、まずすべきことは「圧倒的な時間を使う」ことなのだ。

うちの会社でも、「時間軸」で働いている人は、1回も目標を達成しなくても定時で帰る。それに対し、仕事の「達成軸」で働く人は、常に目標を達成している。こういう人たちの味方をしてくれるのが時間なのである。


では、いったいどんな「時間軸」でピンチを乗り越えたらいいのだろうか。

その分かれ目が14時間だ。

とにかく「14時間やる！」と決める。

こんな単純なことが、人生を変える。これができる人は間違いなく成功に近づける。

仕事が順調でない人（経営者も含む）に問う。

あなたは14時間以上、毎日働いていますか？

なかなかピンとこない人もいるだろうし、押しつけ的で素直に受け入れられないと感じるかもしれない。これはランチェスターの法則によるものだ。
ここで少しランチェスター理論の補足をしてみようと思う。
「労働時間のランチェスター法則」によれば、

人生＝才能×（時間×二乗）＋過去の蓄積

才能は、凡人で「1」。過去の蓄積はゼロでよい。人生は時間をかけることで思うままにすることが可能になるという理論だ。
しかも時間は、二乗作用が効く。7時間労働を基準とすると、2倍働くというのは単純に時間を2倍にするのではなく、ルートをかければよいという。

人の2倍働こうと思ったら　$7\times\sqrt{2}=10$時間
人の3倍働こうと思ったら　$7\times\sqrt{3}=12$時間
人の4倍働こうと思ったら　$7\times\sqrt{4}=14$時間

もともとこの法則は、弱者が強者に勝つために第一次世界大戦の頃に導き出された戦い方のルールだ。さらにランチェスターの法則を応用した「必勝の法則」というものがあり、それによると、約3倍投入するとだいたいの戦いで勝つことができ、4倍で「圧勝」。

つまり、1日14時間働けば才能が劣る人でも絶対に負けない、ということだ。

その上に「決死型」というのがあり、人の5倍、1日15～16時間、年間で4140時間働くことを10～15年続けると人より才能や実力が劣る人でも成功する、とある。

つまり、14時間働くということは、人の4倍働いているということになる。それだけ働けば、必ずピンチも脱出できるというものだ。

この「ランチェスター理論」を信じた人は、15年後に必ず成功をしているはずだ。

信じて行動した先に、新しい未来は待っている。

これは、すべての人に共通した法則なのだ。

CHAPTER

4

勉強ができなくてもいい人脈はできる

01 ひとりでは何もできない

数年前、ある業界でトップの方とそのご家族がされている縁起担ぎ、運気を上げて金運をいただく儀式の話を聞いた。

まず新品の財布、小銭が入るものや折りたたみのものではない長財布を自分と同格か、目上の人にプレゼントしてもらう。

次に、七福神にならって、自分より目上の人や成功している7人の人に、それぞれできるだけ高額のお札を財布に直に入れてもらう。

いただいたお札は使わず、ほかのお札とは別にして財布に入れたままにしておく。

そうすると、7人にもらったお札が財布を守ってくれる七福神となって、あなたのお金を守り、増やしてくれるというのだ。

いいといわれることはなんでも試したくなる性分の僕は、さっそく実行してみた。実際やってみると、なかなか勇気がいることだった。なにしろ儀式のためとはいえ、「お金をタダで僕にください」と申し出るのだから。

しかし意外にも、驚きはするものの、各業界の先輩方が協力してくれた。本当にありがたいことだ。

6枚のお札がそろったところで、難問が持ち上がった。

七福神は、大黒天、恵比寿、毘沙門天、福禄寿、寿老人、布袋の神様たちに紅一点、弁才天さんがいる。つまり、女性にもひとり、協力してもらわなくてはならないのだ。

いったい誰にお願いしたらいいのだろうと考えた末、ひとり、思い浮かんだ女性がいた。北島三郎さんの奥様である雅子さんだ。恐る恐るお願いしたところ、

「いいわよ！」

とお返事をいただいた。後日、ご自宅に伺うと、雅子奥様はほほ笑みながら、

「縁起担ぎっていろいろあるものね。じゃあ、ご縁があるように」

と言って５０００円札にキスマークをつけて渡してくださった。その粋さに惚れ惚れしてしまった。素敵な女神に感謝した。

雅子奥様の５０００円札によって、僕の財布の中には七福神がそろった。おかげで生きていくのに必要な分のお金をいただくことができている。

そんなの迷信だと、思う人もいるだろう。

たしかにそうなのかもしれない。

でも、僕は財布を開き7枚のお札を見るたびに、七福神になってくださった方々が応援してくれていると感じ、力を得ることができている。

バカげている、そう考える人もいるだろう。

たしかにお金を人からもらうなんて、普通の行為とはいえない。この儀式が世間で有名ならまだしも、知らない人がほとんどだ。

でもそんな中で、自分の酔狂なお願いに、お札を提供してくれたり、お財布を買ってくれたりする人がいてくれるなんて、それもみんな自分より目上の人や成功している人だなんて、すごいことではないだろうか。

経営者は孤独だと、よくいわれる。

経営者でないとしても、頼れるのは自分だけだと思っている人も多いだろう。

でも、ひとりでは、絶対にここまで来ることはできなかった。

その都度その都度、誰かがいてくれるから前に進むことができる。

もしかしたら今は誰もいないように感じるかもしれない。

周りは敵（ライバル）だらけだと思うかもしれない。

人に頼らず、ひとりで頑張らなければならないこともたくさんある。

でも、あなたを見ていてくれる人は必ずいる。

前に立って進む道を示してくれる人、隣で一緒に戦ってくれ、ときに悩んでくれる人、後ろから支えてくれる人……。

気づかないところでたくさんの人が支えてくれるから、現在のあなたがいる。

あなたの七福神になってくれそうな人を思い浮かべてみてほしい。7人に満たなくてもいい。その人たちは少なくともあなたを見守り、先導してくれる人たちだ。

そのことを忘れないでほしい。

02

「会いたい」「紹介してくれ」は言わない

これまでの人生を振り返ってみてほしい。

どれだけの人に出会ってきただろうか。

保育園、幼稚園、小学校、中学校……。つながりがすでに途切れている人も含めて、相当の数の人たちに出会っているのではないだろうか。

僕は現在、社長という立場上、日々たくさんの名刺をいただく。パーティーや懇親会、情報交換会など、出会いの場は決して少なくはない。

ときには、政界、経済界、財界、芸能界、スポーツ界……と、様々な業界で活躍されている方とご縁をいただくこともある。

先日、「白柳さんは、どうしてそんなに顔が広いのですか？」と聞かれ、困惑した。おそらく、貧しい家で生まれ、地元の高校を卒業し、さらに地元で起業しただけの男（質問した女性はそんなこと言わなかったけれど……笑）が、北島三郎さんやジャッキー・チェンさん、渡邉美樹さんをはじめ、有名人や実力者の方々と交流していることが不思議だったのだろう。

人との縁に対して僕が気をつけていることはいくつかあるが、根底にあるのはひとつだ。

無理やり縁をつなごうとはしないこと。必要なとき、必要なタイミングで、人との縁はつながる。

だから、「あの人に会いたい」と触れ回ったり「あの人を紹介して」と頼んだりはしない。昔は無理やり紹介を頼んで、出会いの場をつくったこともあった。でも、タイミングではないときに会っても、縁とはならない。僕の手元にある顔と名前が一致しない大量の名刺が、そのことを物語っている。

無理やり縁を結ぶ必要はない。

このことを教えてくれたのは、ムラサキスポーツの金山良雄会長だ。

「これからはあせらずゆっくりと頑張っていきなさい。人をダマしたり、人を傷つけたりすることなく、人助けをできる気持ちを持った人には最低限のお金と最低限の人との出会いが必ずある。だから安心して頑張りなさい」

と、当時ガツガツしていた僕に、こう言ってくれた。この言葉に、

「これからは前みたいに、自分からチャンスを見つけてがむしゃらに会いに行くことは控えよう。出会えた人を大事にしよう。そして、人をダマしたり、傷つけたりしないで、一生懸命社会貢献をしていこう」

と、考えが変わった。

そのとたん、出会いの質が変わった。

こちらから声をかけなくても、人から誘われるようになった。

「白柳さんに会わせたい人がいる」と声をかけられるようになった。

そう簡単に出会えない人から、「会いたい」と言ってもらえるようになった。

こうして生まれた出会いの中から、縁でつながった人たちに、今は導かれ、助けられ、成長させてもらっている。

たくさんの人と出会うのも大切なことだとは思う。

若い頃はとくに、刺激を受け、進むべき方向が見えてくると思うから。

ただ、ある程度、自分の道、やりたいことが決まったなら、出会いは慎重にしたほうがいい。

不用意に出会ってしまうことで、縁が遠くなることもあるからだ。

北島三郎さんも、ジャッキー・チェンさんも、渡邉美樹さんも、たくさんのテレビ番組で司会をされていて数年前に芸能界を引退されたSさんも、僕が20歳のときに「会いたい」と言って押しかけていたら、運よく会えたかもしれない。しかし、「元暴走族のアタマで社長なんて、変わっているな」と思ってもらえたとしても、きっと現在のようないろいろ話すことができる関係にはならなかっただろう。

出会いを急ぐのではなく、出会いのチャンスがいつ来ても大丈夫なように準備をしっかりしておこう。

03 目の前の出会いを大切にできるか

ムラサキスポーツの金山会長の言葉によって、僕の考えが変わってまもなく、彼の言葉を裏付けるひとつの出来事があった。

ジャッキー・チェンさんとの出会いである。

彼との出会いも、知人の紹介によるものだった。

その知人の名はルイス。キックボクシングのIさんをサポートしているときに出会った仲間だ。

2008年、I道場が興行する後楽園ホールでの試合に出るため、フライ級の香港チャンピオン、アワイが調整で3か月間、日本に滞在することになった。僕は彼の生活などすべてのサポートを任された。このとき、チャンピオンに同行してきたのがルイスだった。日本語を少し話すことができるルイスとは同世代ということもあり、すぐに仲良くなった。３か月間、ほぼ毎日、一緒に過ごした。仕事だからというより、彼といることが楽しくて仕方がなかった。試合が終えると2人は香港に帰っていったが、その後も1年に1回のペースで日本や香港で会い、交流を深めていった。

香港に帰国した後、ルイスは自身の兄が経営する旅行会社の手伝いをしながら、ジャッキー・チェンのスタッフとなった。

ジャッキーのファンだった僕は、ルイスに頼んで、撮影現場に連れて行ってもらった。それからは香港に行くたびに会わせてもらった。しかし、金山会長の言葉を聞き、「ジャッキーに会いたいとルイスに言うのをやめよう」と心に決め、会いにいくのをやめた。

そんなある日の午後、ルイスと僕は香港のホテル内の喫茶店で話していた。トイレに行くためにエスカレーターを降りていくと、ちょうど反対側のエスカレーターでジャッキーのスタッフが3人で上がってきた。スタッフのひとり、ケントとはルイスを通じてすでに顔見知りだったので、すれ違いざまにお互い声をかけあった。

トイレを終えてルイスがいる喫茶店に戻り、ケントと会ったことを話していると、ルイスの電話が鳴った。ケントからだった。

「ジャッキーが一緒に食事をしようと言っている」

驚いた。

まさか、ジャッキーから誘ってもらえるなんて……。

指定された店に向かうと、すでにジャッキーは僕たちを待っていた。食事中、僕からジャッキーに話しかけるのを遠慮していたのだが、彼のほうから、「仕事はどう？」などと気さくに話しかけてきてくれた。夢のような時間を目いっぱい楽しんだのだった。


それからもたくさんのご縁をいただいた。

ルイスのお兄さんは、日本人向けの旅行会社を運営しており、のちに香港日本人旅行協会会長にも就任されただけあって、とにかく顔が広い人だった。

あらゆるジャンルの日本人ＶＩＰとも知り合いで、上場会社の代表者に始まり、政治家、中小企業の社長、京都のお茶屋のオーナー、日本の裏社会のトップからその家族にいたるまで幅広い親交があった。

僕が香港に行ったときにルイスから、そうした日本人ＶＩＰを紹介される機会も数多くあった。日本ではなかなかお会いできない方々も少なくなかった。
もちろん、ルイスに誰か紹介してくれとは、一度も言っていない。
ルイスや彼のお兄さんが、僕という人間を信頼してくれてのことだった。

たったひとりの人間からでも、ちゃんと信頼されれば、人脈は自ずと広がっていくことを、ルイスとの出会いから学んだ。

人脈を広げたいなら、目の前にいる人との関係をしっかり築いていく。そこから本物の人脈が築かれていく。

目の前に訪れた出会いを大事にしよう。

04
行動すれば出会いはある

お礼の手紙やメールをためらったり、おろそかにしたり、後回しにしたりしてはいけない。

法政大学の教授、坂本光司さんが書いた『日本でいちばん大切にしたい会社』（あさ出版）という本がある。

僕は、新聞広告でこの本を知った。このときも「なんだか読んでみたいタイトルの本だな」と思ったのだが、その後、U取締役と雑談をしているときに、

「『日本でいちばん大切にしたい会社』という本、知っていますか？　すごくいいですよ」

と薦められたので、さっそく本を買って家に帰り、その日のうちに読み終えた。

本を読んでいくうちに僕は涙が流れ、止まらなくなってしまった。

素晴らしい経営者が日本にはいるんだなぁ〜。そして、この本を書いてくださった坂本さんはすごい！　こんなに素晴らしい本は久しぶりだと感動したと同時に、自分の会社の理念も自分自身も心構えは間違っていなかったと、強く思ったのだった。

この著者の坂本さんは自分のためではなく、中小企業の経営者の方々を応援し、そしてどのような経営をすべきかを考えて書かれている。いったいどんな人なのだろう。

そう思いながら最後のページを開いて驚いた。なんと、著者略歴の最後にご自宅の住所・電話番号・Eメールアドレスが書いてあったのだ。

素晴らしい本のお礼を伝えるべく、手紙かメールを送ろうとしたのだが、たくさんの方からの便りや連絡があって処理するだけでも大変かもしれない、と遠慮してしまった。

そのうち、続編である『日本でいちばん大切にしたい会社　2』が発売された。U取締役からそのことを聞いて本屋さんに駆け込んだ。この新刊も実に素晴らしかった。またもや、涙を流しながらの読書となった。

本の最後に坂本先生宛てに送られた読者からの感想の一部が紹介されていた。それを見て、自分に勇気をくださった坂本先生に今度こそお礼のメールを出すことにした。

自分なりにできるだけ簡潔にお礼の言葉を書いた。忙しい坂本先生の手をわずらわせたいわけではなかったので、返事や自分に対するリアクションの期待は0％、この素晴らしい本を書いていただいた感謝を伝えられればと、一方通行の内容にした。

ところが、ところが、ところが、ところが、ところがだ。

くりびつてんぎょいたおどろ！（仲間用語：びっくり仰天おどろいた！　の意）

2010年4月22日午後2時13分、外出していた僕の携帯が鳴った。会社からだった。

「社長！　今、会社に、法政大学の坂本さんという方からお電話がありまして、社長にお会いしたいとのことだったのですが」

「えっ？　坂本さん？？　誰だろ……。『俺に』って言ってた？」

「はい。社長からメールをいただいたと。それで社長に会いたいとおっしゃっていました」

「俺からメール？」

電話を切ってしばらくは、坂本さん＝『日本でいちばん大切にしたい会社』の著者だと結びつかなかった。俺からメールを送った坂本さん？　法政大学って言っていたよな。法政の坂本先生……。坂本教授。えっ！　うそっうそっ！　本当？　本当に⁉　あの坂本教授が俺に会いたいって⁉　マジで‼　理解できた瞬間、全身に鳥肌が立った。

すぐに社員から聞いた、坂本先生の番号に電話をかけた。

「すみません！　坂本先生のお電話でしょうか？　株式会社エイトの白柳ですが……」

「白柳さん！　もう電話くれたの‼　ありがとう！　あなたに会いたくてさ～っ！」

「本当ですか？　光栄です」

「連休明けの5月6日だけど空いている？」

僕は手帳も見ずに（もし、スケジュールが入っていても、なんとかしようとの判断で）

「空いています。よろしくお願いいたします」

と即答した。電話を切った後、しばらく放心状態になった。

そして、自然と涙が溢れた。久しぶりに体中がうれしいモードで炸裂した出来事だった。

僕の例はめったにあることではないかもしれない。でも、そのめったにないことを引き寄せることができたのも事実だ。

これ以降、僕はお礼や感謝を必ず伝えるようにしている。

伝えることで生まれる奇跡があるのだ。

05 憧れには素直に従おう

毎年、発表される「子どもたちがなりたい職業ランキング」。2014年7月に第一生命保険株式会社がまとめたランキングでは、小学生の男の子の人気職業は1位がサッカー選手で12・6%。2位は野球選手で12・1%。3位は同率で、食べ物屋さん、消防士・救急隊、学者・博士が4・7%だった。

僕も10歳の頃までは野球選手になりたかった。読売ジャイアンツがV9を達成した頃で、長嶋茂雄さんや王貞治さんのプレーに憧れていたから。

ところが、小学5年生で僕の人生は大きく変わった。

野球をしながらも、不良グループに憧れるようになった。貧乏という自分の境遇にスネてグレたわけではない。ただ、ひとつの出会いがあったのだ。

小学5年生の頃、溜まり場にしていた友達の家があった。授業が終わると、毎日そいつの家に集まっていた。その友達には、2つ上の兄貴がいて、彼の友達たちもそいつの家に集まっていたので、年齢に関係なく一緒に遊んでいた。

そこに、髪は長めのパンチパーマで、ボンタン（すそが膨らんだパンツ）をはいている、まさに不良のイメージそのままだが、やさしく接してくれるSさんがいた。

ある日、いつものように友達の家でたむろしていると、Sさんに声をかけられた。

「お前、何中に行くの？」

「六中です」

「俺の後輩か。じゃあ何か困ったことがあったら、いつでも俺に言ってこいよ」

その言葉にしびれた。

「俺もいつか、あんなことを言える男になりたい」

Sさんのように仲間や後輩を守れる強い男になりたくて、僕は彼の背中を追いかけ続けた。Sさんが中学を卒業すると暴走族に入ったから僕もまた、中学卒業後ミッキーズに入り、やがてアタマになった。
Sさんを追いかけることで、自然と成長していったのだと思う。

「憧れ」という気持ちは、人を成長させる原動力だと僕は考えている。そう簡単に抱く気持ちではないからこそ、そこに自分でも気づかない思いや夢が反映されている。

人は「憧れ」の人に近づきたい、仲間になりたいと思うことで頑張ることができる。それは、誰もが持っている未来を切り拓く力だ。

ビジネス、芸術、スポーツ、学問、どの世界でも、人は憧れの存在に近づきたくて、マネをすることで少しずつ成長していく。

会社と暴走族を同じように考えるわけではないが、組織のトップとして世の中や他の会社、そして自分の会社、社員を見てもそう思う。

優れたリーダーに憧れ、信頼し、社員たちが集まってくる。社長の魅力で会社が成長していき、社員たちも成長していく。すると、お客様がファンになってくださり、また新しいお客様を連れてきてくださる。すると会社はさらに成長できる。

会社の規模は、リーダーの人間性や魅力、器の大きさに比例する。

リーダーはいつでも、社員たちを守れる人間でなければ務まらないと、Sさんの生き方から学んだ（自戒を込めてあえて言うが）。

かっこいい男になりたい。

頼られる男になりたい。

困った人がいれば、いつでも力になりたい。

「何かあったら、いつでも俺に言ってこいよ」と言える男でありたい。

そう思って11歳からずっと生きてきた。

暴走族のアタマをしていたときも、社会人になってからも、社長になってからも、その思いがあったからここまでやってこられた。

すごいな、かっこいいな、ステキだな……。なんでもいい。少しでも憧れの気持ち、感情を抱いたなら、素直にその思いに従ってマネたり、意識したりすることだ。

Sさんは残念ながら亡くなってしまったが、僕は現在も彼に憧れ、目標としている。

06

親を大事にできてこそ一人前

親を大切にできない人とは一緒に仕事をしないことにしている。

親に感謝できないような人は、お客様を喜ばせることはできない。お客様のために、いい仕事はできないと思うからだ。

僕の会社には、「ご両親の誕生日休暇」「ご両親の命日休暇」がある。

ご両親に感謝して、親孝行するために使ってほしい、または在りし日を偲んで墓前で感謝の気持ちを伝え、心の中で会話をしてほしいと思い、つくったものだ（僕の会社の福利厚生は、ユニークだとよくいわれる。4年に1回10日間休んでOKとしている「オリンピック休暇」なんてのもある）。


親孝行もできない人は、お客様に尽くすことはできません。

親孝行を通じて人に感謝されることは、自分の喜びです。

人に尽くすことは、己の喜びであることを知ることです。


これは、僕が尊敬している東日本ハウス株式会社の創業者、中村功さんの言葉だ。

商売やビジネスの基本が、この短い3行に詰まっている。僕はこの言葉を大切にして仕事をしてきた。毎年、全員に配布している社員手帳にも記載している。

自分を生んで育ててくれた、世の中でいちばん大切で、欠かせない存在となる自らの親を大事にできない人が、他人であるお客様や同僚を大事にできるわけがないし、ましてや会社を大事にする考えはないと思うのだ。


友人の事業家で、総合格闘技団体「パンクラス」の代表、酒井正和さんの話をしたい。

彼は生後数日で、浅草に古くからある遊園地「花やしき」のコインロッカーに捨てられた。傍らには、生年月日と「酒井正和」と書かれた紙が1枚置いてあったという。

湘南にある児童養護施設に預けられたあと、小学3年生で里親に引き取られ、東京の葛飾で過ごした。里親にはかわいがってもらっていたが、中学生になると次第に不良グループとつるむようになった。家を飛び出しアパートを借り、牛丼の吉野家で年齢を偽り深夜のバイトをして、朝になるとそのまま中学・高校に通っていたという。

社会に出て、酒井さんは持ち前の行動力を存分に発揮した。ホンダの営業マンのときは全国2位の成績を収め、損害保険の代理店をしていたときは獲得契約数で全国1位にまでなった。

その後、有名な経営コンサルタントだった故・船井幸雄さんの援助を受け、会社を立ち上げ、成功を収めている。

あるとき、なぜ、そんなに頑張れるのか聞いたところ、酒井さんはこう答えた。

「『酒井正和』の名前が有名になれば、いつか本当の両親が僕に気づいてくれるんじゃないかって。もし会えたなら、『ありがとう』と伝えたいんです。五体満足に生んでくれて、本当にありがとうって」

親の顔も愛情も知らずに生きてきたのに、酒井さんは親をうらむどころか感謝していた。

僕は本当に驚いた。そして、こんな環境でも感謝の気持ちを持つことができている彼が優れた経営者なのは当然だと思った。

赤ちゃんが笑うのは、親が笑顔になるからであり、子どもが成長するのは、親や周りの人が喜んでくれるからだ、と聞いたことがある。

親への感謝の気持ちを、喜ばせることで表しているのだと。つまり、小さいながらに親孝行を精いっぱいしているのだ。

本能で大事な人を喜ばせるのが、自分にとっての喜びだと知っているということだ。

本能でわかっているということは、人が生きていくうえで大事なことだということだ。

その大事なことを忘れているようでは、仕事はできない。

親以外の人なら大事にしている、という人もいるかもしれない。

でも、どんな人は皆、必ず親から生まれてくる。状況はどうであれ、親が生んでくれたからあなたはこの世に存在している。

生んでもらったから、泣いたり、笑ったり、感動したりできる。

そんな当たり前のことが理解できていない人には、残念ながら、本当の意味で人を大切にすることができない。

そういう僕も、恥ずかしながら20歳になるまで親父には反発してきたし、おふくろに対してはは大人になってからも反抗していた。ただ、貧しい家に育ったせいか、長男として、いつか家を建てて家族で暮らしたいという目標があった。だから、親を自然と大事にできていたのだと思う。姉を亡くしてからは、より意識的に親孝行をしてきた。

親父は4年前に、おふくろは今年、帰天した。家族や社員をはじめ、多くの人に見送られ旅立つことができた。僕を支えてくれている人たちのおかげで、最後の親孝行ができたと思っている。

ただ、両親が亡くなったとき、不思議なことに、涙が出なかった。

元タレントで、司会者としても有名だったSさんと会った際、その理由がわかった。Sさんは僕にこんな話をしてくれた。

「親父が死んだとき、ワシは全然悲しくなかったんや。もちろん、大好きで大事に思っていたけど、死んだときには、涙が全然出えへんかった。そのことをおふくろに話したら、こう言われたわ。

『あれだけ親孝行していたら、後悔ないでしょ。だからやろ』って。

それを聞いて、そうだったかもしれんて思った。生きているうちにできるだけのことしたろって思って、実際そうしてきたし、させてもらえたから」

僕もその話を聞いて、スッキリした。


もし、あなたの両親が健在なら、今からでも遅くない。感謝して、親孝行してほしい。

いつかは必ず別れが来る。そのとき気づいても、もう遅い。

今は気が進まなくても、いつかわかるときがくる。

もう僕は親孝行できなくなってしまったが、毎日、遺影に語りかけている。

「ありがとう」と。

07
すぐ近くに素晴らしい縁がある

人はなぜか、遠くに憧れる性質があるようだ。

有名人に憧れ、世界の違う人に憧れる。

地方であれば都会に憧れ、都会にいたら海外に憧れる。

地元の街を憧れの地と言う人に会ったことはない。

遠くの理想を追いかけるのも大切だが、まずは自分の足元を見つめてほしい。今まで気づかなかった大切なことが見えてくるはずだ。

たとえば桜。

桜の樹がきれいな花を咲かせることができるのは、地中に根を張って体を支え、養分を吸収しているからだ。根っこが樹を支え、生かしている。

人間も同じだ。

人は誰もが土地に根を下ろして生きている。自分が生まれた街や、現在住んでいる街は自分という存在の基盤だ。

僕は、東京都の中心からちょっと離れた街、八王子で生まれ育った。会社も八王子に興し、現在も八王子に住んでいる。まさに地元っ子だ。

もっと都心で起業する選択もあっただろう。人もチャンスも、都会のほうが圧倒的に多いのは明白だ。実際、八王子を出て都心で起業した人も少なくない。

僕は八王子という街が大好きだったから、ここで起業したわけだが、結果として、この街で様々な刺激、気づき、人と出会うことができた。会社が現在でもやっていけるのは、この街のおかげだと思っている。


この八王子という街には、様々な人がいる。

たとえば、タレントのヒロミ。彼は僕と同期だ。中学は違うが、八王子の同期の集会には参加をしていた。今でもたまに顔を合わせる。

もう解散してしまったが、「ファンモン」の愛称で人気だったミュージシャンのファンキー・モンキー・ベイビーズの3人も八王子だ。モン吉さんのお父さんは、おふくろと「はとこ」の関係であり、八王子経済界の大先輩でもあるため、公私ともにお世話になっている。ファンモンの3人にも地元の祭り「八王子まつり」に協力してもらったり、モン吉さんの結婚式に招いていただいたり、と地元ならではのご縁をいただいている。彼らの地元を大事にする姿勢（コンサートで「新八王子音頭」を歌うなど）には頭が下がる思いだ。

忘れてはならないのが、芸能界の重鎮である北島三郎さんと奥様の雅子さんだ。

北海道出身の北島三郎さんは、函館の高校を卒業後、歌手を目指して上京。デビュー前に雅子奥様と結婚され、東京の中野に居を構えた。その後、八王子に転居。もう30年以上が経つ。今では、第二の故郷だとおっしゃっている。

僕が雅子奥様に初めてお会いしたのは25年以上前。その後、不動産を購入いただいたり、八王子の街を一望できる豪邸にお招きいただいたりと、おつき合いさせていただいている。

雅子奥様は北島音楽事務所の社長を長く務め、縁の下から北島三郎さんを支えていらしたが、八王子に住まわれてから間もなく、中野にあった事務所を八王子に移された。「お世話になっている八王子に税金を納めて、この街を少しでもよくしていくお手伝いをしたい」と考えたそうだ。

税金には、富の格差を縮めて社会の安定化・公平な社会秩序を維持する富の再分配の役割がある。経営者の中には、節税対策のために海外に会社を移転したり、移住したりする人は少なくない。

しかし雅子奥様は、税金として収め、地元に使ってもらうことを選択した。

さらには、八王子に来て30年、八王子観光大使になられて10年となる2014年には、日ごろお世話になっている八王子市のみなさまに感謝と御礼の気持ちを込めて作曲した、八王子にある関東三大本山をタイトルにした『高尾山』をリリースされた。

北島三郎さん、雅子奥様の八王子を愛する気持ちに感動した。

地元を大切にすると、自然と仲間ができる。同じものを大事にしているから、そのつながりも必然的に深くなる。

最近、地元の人と会話をしただろうか。地元で何が起きているか知っているだろうか。

たまには、地元の交流会などに参加してはどうだろうか。

08

とことんひとりの人間に関わってみる

「とことんひとりの人間の人生にも関わっていけば、素晴らしい経験ができる」
渡邉美樹さんのこの言葉が、僕と彼を結びつけた——。

僕には6人目の子どもがカンボジアにいる。
名前はスン・ティダエン。
6歳の男の子だ。
僕のブログのプロフィール写真が彼だ。
彼の里親になって2年が経とうとしている。

２０１２年10月15日、僕はカンボジア教育視察ツアーに出かけた。

僕の会社は、ワタミグループの創業者、渡邉美樹さんが理事長を務める公益財団法人スクール・エイド・ジャパン（ＳＡＪ）を通じて、カンボジアに２つの学校を寄贈する支援をさせていただいたこともあり、専務、常務と共に参加したのだ。

その孤児院は、首都プノンペンからバスで約４時間の場所にある。

日本の道路事情とは大きく異なるうえに、舗装がされていない道、舗装されてはいてもデコボコの道での４時間を超えるドライブは、かなりしんどい道のりだった。

たどり着くのは、昼ちょっと前。このあと、子どもたちと一緒に昼食をとるのが恒例だ。


この日、僕は特別にワクワクしていた。

６歳の男の子の養父になることが決まり、初めて対面できるからだ。

孤児院入口では、79人の子どもたちが出迎えてくれた（ＳＡＪが運営をしているこの孤児院では、80人を限度に孤児を預かっている。「とことんひとりの人間に関わる」には、80人が限界だろうと渡邉さんが考え、決めたそうだ。毎年卒業していく子どもたちもいるが、卒業したあとも一生その子どもたちと関わっていくにはこれ以上は無理だからだと）。

子どもたちと一緒に、院内の中央ホールに移動する。

ティダエンを探すも、人が多くて見つけられない。

一刻も早く会いたかった僕は、渡邉さんに、

「どの子ですか？」

と尋ねた。するとあたりを見回し、そしてひとりの男の子に手の平を向けた。

「あの子だよ」

「スン・ティダエン、6歳。将来は警察官になりたい」

と書かれた名札をつけている男の子が、その先にいた。

「かわいい子だ！」

僕はすぐに駆け寄り、頭をなで、写真を撮った。

会えたうれしさに、すっかり興奮してしまったのだ。

一方、彼はビックリした顔をして、固まってしまって困った顔をしていた。

そりゃそうだ。いきなり知らないおっさん、それも日本人のおっさんが駆け寄ってきて、頭はなでるわ、写真は撮るわ。驚かないほうがおかしいだろう。

あらためて、通訳の人を通して自己紹介した。入所2日目で養父の意味もよくわかって

いないティダエン。

彼は僕の目をじっと見て、そして、

「パパ」

と言ってくれた。

熱いものが込み上げてきて、僕は彼を抱きしめた。

その日の帰り、彼はバスに乗る僕と最後まで離れずにいてくれた。

バスに乗ったときに僕に手を振るティダエンを写真に撮ったが、その写真が僕のブログのプロフィール写真になっている。


「とことんひとりの人間の人生にも関わっていく」

渡邉さんのこの言葉で始まった僕とティダエン。

これからどんな人生が彼を待ち受けているかはわからない。

でも僕は、どんな人生になったとしても、ティダエンとずっと関わっていく。

親として、仲間として、味方として。

半年ごとにカンボジアにティダエンに会いに行くのだが、彼はいつも僕らが降りるバスの前で最高の笑顔で待っていてくれる（僕がどうしても行けないときは、妻が会いに行ってくれている）。

その笑顔に、僕はいつも元気をもらっている。

「遠くの親戚より近くの他人」という言葉があるが、ティダエンとの関係が始まってからまさにそのとおりだと思うようになった。

距離もあるし、文化の違いもあるし、言葉のやりとりもままならないからこそ、心と心を通わせることに注力した。今では、顔を見るだけで様子がわかるようになった。たくさんの気持ち、経験を彼にはもらっている。

心を通わせるには、勇気もいるし努力も必要だ。

でも、心と心を通わせ交流した回数が多いほど、相手との関係は深まる。

お互いにとって大事な存在になる。

一度きりの人生だ。誰かの特別な存在になってみよう。

09 この世で何を残すか

今まで、多くの人を見送ってきた。

20年前に姉を、4年前に親父を、今春におふくろを見送り、僕がこの世に生まれて最初に暮らした家族は、全員が旅立ってしまった。

10代で出会い、兄弟分の盃を交わして共に生きていこうと誓い合った大親友Aも、事件に巻き込まれてあっけなく逝ってしまった。あれからもう24年以上が経つ。

僕が生まれて初めて憧れた理想の男S先輩は、病に勝てず10年前にこの世を去った。

ガキの頃からの仲間、お世話になった経済界の先輩経営者たちも、何人もの人が旅立っていった。

さみしくないと言ったらウソになる。

でも、出会えたからこそ、見送ることができて幸せだ、とも思う。


人間は、生まれた瞬間から死に向かって歩いている。

「メメント・モリ」＝死を思え（今を生きろ）という言葉がある。人はいつか必ず死が訪れるのだから、そのことを忘れるなという意味だ。

死というと、消極的でネガティブなイメージでとらえる人もいるだろうが、死を思うことで、今、生きていることを実感できる。

与えられた「今」という時間をどう生き、そして、どんな最期を迎えるべきか――。

あなたは考えているだろうか。


葬儀屋を営んでいたこともあり、多くの死を間近で見てきた。その経験から、身に沁みて思うことがある。

それは、何を残していくかだ。

幕末から明治にかけて活躍した政治家で、外務大臣や今でいう東京都知事も務めた後藤新平が最期に残したといわれる言葉にこんなものがある。

「金を残して死ぬ者は下だ。仕事を残して死ぬ者は中だ。人を残して死ぬ者は上だ」

経営者的にいえば、財産を残す人は三流、会社を残す人は二流、人材を育てて残した人が一流の生き方だということだろう。

明治維新の立役者のひとりである西郷隆盛の場合は、生前こんな言葉を残した。

「我が家の遺法、人知るや否や、児孫のために美田は買わず」

子どもや孫に財産は残さない。財産を残すことは、結局は子どもの才能をつぶしてしまうことにもなりかねない、という意味だ。


僕は日本にいる5人の子どもたちには、財産は何も残さないと伝えている。

僕がいなくなったあとに、「あなたのお父さんには本当にお世話になった」といって、お前たちを助けてくれる人がいたら、それが父の遺した本当の財産だと思えと。

自分が死んだときに子どもたちにお金を残すことより、泣いてくれる男（同性）友達を財産として残すほうが子どもたちのためになると考えるからだ。

正直に言おう。

人生における本当の宝物とは、人生を終えるとき、自分の死を悲しんでくれる同性の友人の数ではないか、と僕は考えている。

バカだと思う人もいるかもしれないが、男気の世界に憧れ、ここまで生きてきた僕にとっては、やはり最期は男の仲間・友達に見送ってほしいのだ。

こんな僕のために涙を流してくる男がひとりでも多くいてくれたなら、これ以上の幸せはないし、それこそが自分が生きてきた証だと誇れるような気がするのだ。

あなたは人生で何を残したいだろうか。

死は予期しないカタチで、タイミングで訪れることもある。

だからこそ、今、考えてほしい。

必ず答えに出会えるはずだ。

金でも物でもなく、人とのつながり、絆という財産。

それは、あなたにしか残せない。

今からでも遅くない。

人生の宝物をひとつひとつ増やしていこう。

CHAPTER 5

良いも悪いもすべて自分次第

01

「当たり前」がいい人生を引き寄せる

高速道路や有料道路の料金所でお金の受け渡しをするときのことを思い浮かべてほしい。「はい、ありがとうございます。お気をつけて」などと笑顔で言ってもらえたら、こちらもおだやかな気持ちで運転できるだろう。

機嫌が悪そうな顔で無言、動作もたらたら。それで渋滞が起きようがお構いなし。しまいには、おつりを落っことして「ちぇっ！」と舌打ちされたらどうだろう。イラッとするのではないだろうか。イライラしすぎて運転が荒くなり、事故を起こしてしまうことだってありえなくもない。

こんなふうに環境は、ちょっとしたことで変わる。

ちょっとした変化の積み重ねで、流れ、スパイラル（うずまき）がつくり出される。良いスパイラルを生む人は、常に良いスパイラルの中にいる。また、良いスパイラルをつくっていける人は幸せになりやすい。

一方で、悪いスパイラルをつくる人は不幸せになりやすい。そのスパイラルを自分で断ち切らない限り、抜け出すことはできない。

良いスパイラルをつくっていくことで人生は拓けるということだ。

僕の友人のアッちゃんは、良いスパイラルをつくる天才だ。

彼は「ニューロティカ」というグループでボーカルをしているのだが、ライブでも、プライベートでも人を笑わせ、笑顔をつくり出している。

だからアッちゃんの周りには、いつも笑顔が集まる。

彼の話や歌を聞いてお笑い芸人になった人もたくさんいる。バイきんぐ小峠、ダイノジ、椿鬼奴、まちゃまちゃ、野性爆弾、2丁拳銃など（「中、高校生でニューロティカを聞いていたら、お笑い芸人になってしまいました！」というライブが行われたほどだ）。

アッちゃんのライブを観てCDを聞いて笑っていた人がお笑い芸人になって、たくさんの人を笑わせている。すごいことだ。彼自身もグループ結成30年になるが、今もテレビに出演したり、全国ツアーをしたりと、ますます活躍の場を広げている。

良いスパイラルをつくるのは簡単だ。

挨拶をする、思いやりを持つなど、人として当たり前のことをきちんとする。

たとえば､タクシーを降りるときに「どうも、ありがとうございました。気をつけて帰ってくださいね」とドライバーさんに声をかける。

お店で食事をして帰るとき、必ず「ごちそうさま！　おいしかった」と伝える。

落ちているゴミを拾う。

電車内で席を譲るべき人がいたら迷わず譲る。

他人が不快になる運転をしない（暴走族時代を大いに反省……）。

トイレットペーパーがなくなったら、新しいものを入れておく、などなど。

「こんなことで？」と思うかもしれない。

でも、どうだろう。

トイレットペーパーがなくなった。面倒だから、新しいものを入れなかった。

次に使う人は当然困る。イラッとするだろう。それこそ、こんなに怒りが湧いてくるなんてことがないくらいに（男がトイレットペーパーを使う事態なんて、わかるだろう？）。後日、トイレットペーパーがなくなったという状況に遭遇したとき、ほかの人だってやってないのだからいいだろうと補充をしなかったら？

その後に入った人は、そりゃもう当然困る。相当イライラするはずだ。そして後日……。悪いスパイラルの完成だ（これは実際にあった話だ）。

振り返ってみると、小・中学校時代に不良仲間から仲間はずれにあったとき、周りのことに気を配るなんてしていなかった。

会社がうまくいっていないとき、タクシードライバーさんに気持ちを込めた挨拶はできていなかった。会社に来た宅配業者や郵便局の人にきちんと挨拶できていたか自信がない。「当たり前のこと」をしてもらえないと人は不快になる。不快な感情を抱いた原因のために、何かしてあげようとは思わない。場も荒れる。よくしようという気持ちも奪っていく。

そこに幸運も良いスパイラルも生まれない。

すべて当たり前のことだ。当たり前を当たり前にできる人がいい人生を引き寄せるのだ。

02 すべては自分につながっている

自分に起きるすべての出来事は、すべて自分がつくり出す。良いことも悪いこともすべて、自分がつくり出している。

そんなの耳にタコができるくらい聞いている、という人もいるだろう。

僕もそのひとりだった。

単なる教訓のひとつだと思っていた。

ところがあるとき、思うところがあり、これまでの人生を振り返ってみた。すると、学生時代に起きたいくつものこと、暴走族時代の闘争、会社をつくってからの紆余曲折、すべて自分に何かしらの原因があった。理不尽だ、なぜこんなことに巻き込まれなきゃいけないんだと思った事柄さえ、そう考えると辻褄《つじつま》が合う。

なんだか悔しくて、「いやいやあれは、相手が……」と思おうとしても、「でもな……」と思考が戻ってしまうのだ。

当然だ。

それが真実なのだから――。

自分に起きるすべての事柄は自分がつくり出していると理解してから（受け入れざるを得なかったといったほうが正しいかもしれないが）というもの、心がぐっと軽くなったように思う。

人のせいにすることもなくなったから、うらんだり、憎んだりといった負の感情を抱くことも少なくなった。

おだやかな気持ちでいられることが多くなり、周りが見えてきた。自分が苦手な人とも笑うことも増えてきた。

ちょっとした良いことも増えてきた。

社員の表情も変わってきた。

会社の状況も変わった。

前に話した、金山会長の言葉、「最低限のお金」も回ってきた。

こうなってから、本当の意味で自分の人生をコントロールができるようになったように感じる。

良いスパイラルはつくるが、悪いスパイラルは絶対につくらない（ように意識する）。

無意識に人に悪い影響を与えてしまうことのないよう、ふだんの習慣もできる限り変えていく。

そう強く念じることで、常に自分が進むべき方向に意識を向けることができるようになってきたのだ。少なくとも、以前より自分の心をコントロールし、人生のコントロールもできるようになってきている。


これに味を占めたというわけでもないが、僕は今、直接、知らない人にも、幸せを与えられるような生き方を目指している。

意識的に良いスパイラルをつくれるようになったら、自分の周りの人も幸せになり、自分も幸せになれると信じているからだ。

そして何より、限りある人生を気持ち良く過ごしていきたいからだ。

自分が行ったことによって、人が良い気分になったら、なんだかうれしい気持ちになる。

その逆もしかりで、自分の行為で人をイヤな気持ちにさせてしまうのは気分が悪い。

他人の気持ちをすべて把握することはもちろんできない。

幸せを押しつけることができないことも、十分わかっている。

自己満足かもしれない。

それでも、周りで起きることはすべて自分につながっている。

あなたの一挙一動が、環境を変えていくのだ。

03 自己満足バンザイ！

自己満足は決して悪いものではない。

たしかに自分のためだけの自己満足は厄介なものだが、人のためになる自己満足なら、やったほうがいい。たとえそれが、ほんの小さなことであっても。

数年前、人気テレビ番組『行列のできる法律相談所』(日本テレビ)で、「カンボジア学校建設プロジェクト」という企画があった。各界の有名人100人が描いた絵をオークションで販売し、そのお金でカンボジアに学校を建設しようというチャリティーだった。

僕は即座に参加を決めた。そうするべきだと、心が反応したからだ。

カンボジアという国については、内戦中にたくさんの地雷が埋められ、今でも一般市民が苦しんでいることや、国が疲弊したことで経済的に貧しい生活を強いられている人が多くいることとくらいしか知らなかった。

それでも、ちっぽけな存在である僕が役に立てるならと思ったのだ。

第1回のオークションでは、当時この番組の司会だったSさんが描いた絵を落札しようとしたのだが、残念ながら他の参加者が落札した。最後の最後で負けてしまったのだ。不完全燃焼だったところ、5か月後に第2回チャリティーオークションが行われることが決まった。

1万人以上の応募があったが、運よく2回目も参加することができ、漫画『ルパン三世』で有名なモンキー・パンチさんが描いた「希望」という名の絵を落札した。

ルパン三世、次元、五右衛門、不二子ちゃんが地雷を取り囲み、未来への希望を見出しているという絵だ。会社の応接室に飾り、来社された方に鑑賞してもらえる「社宝」にしている。

360万円（税別）だった。

そのお金でカンボジアに何ができるのか？ と思った人もいるかもしれない。たしかにそうなのだろう。自己満足と言われたらそれまでだ。

でも、動かなかったら何もできなかった。

自己満足であっても、何かが動くのならそれでいい。


自己満足だと言われ続けながら世の中を変えた人がいる。

ワタミグループの創始者で、現在は参議院議員として活躍されている渡邉美樹さんだ。

彼は、実際様々なカタチで社会貢献をされている。その中に公益財団法人スクール・エイド・ジャパン（以下ＳＡＪ）での活動がある。

２００１年から活動を始め、これまでカンボジアやネパール、バングラディッシュなどで学校、それも小中高（１５０校超）、80人を預かる孤児院、さらに子どもたちを教える先生の養成機関を設立し、現地の子どもたちの教育に力を注いでいる。雇用を生むために現地に大規模な農園（12・５ヘクタール）もつくっている。ちなみに、渡邉さんの著書印税、テレビ出演等での収入はすべてこの活動費、職員等の運営経費に利用されている。

また、２０１１年に起きた東日本大震災後すぐ、岩手県陸前高田市に災害支援物資の輸送を開始。その後も、復興支援のボランティアや街づくりイベント、経営者塾の開催など、様々なカタチでサポートを続けている。

僕は二度、渡邉さんが復興参与になっている陸前高田市を訪れたことがある。

東京でテレビの前にいるだけではいけないと思ったからだ。

被災した方々や亡くなられた方々の苦しみ、悲しみを本当の意味で理解できるわけはないし、救いたいなど、とてもおこがましいと重々理解している。ただ、ほんの少しでも自分にできることがあれば、この体が役に立つことがあればと考えてのことだった。

1度目は、瓦礫《がれき》の撤去のお手伝いだった。エリアを決めて瓦礫を除去する。7月のはじめで本当に暑くて大変だった。一緒に行ってくれた仲間は一生懸命、瓦礫の撤去をしてくれた。2度目は、8月の終わりに行われた復興イベントに参加して八王子の仲間たちと「八王子ラーメン」を振る舞った。

継続的なサポートの必要性を感じた。

自己満足だろうがなんであろうが、救われる人がいればそれでいい。

実際、渡邉さんによって人生が前向きになった人、可能性が広がった人はたくさんいる。

思うことがあるなら、自己満足でもいいから何か行動を起こすことだ。

あなたの思いが誰かに伝わり、大きなスパイラルとなって、いずれ社会に広がっていくはずだ。

広がれば広がるほど、その思いに共感する人が出てきて、プラスのスパイラルがどんどん広がっていく。

ウソじゃない。

世界は、そういうふうにできているのだから。

04

インスタントの「気づき」では何も変わらない

僕の人生は、決して順風満帆ではなかった。

生まれた家は貧乏で、雨が降るたびに、遠足のときに敷くビニールシートを天井に張って雨水をしのいでいたし、学校の行事などの集金にもおふくろは四苦八苦していた。

小中学時代、ある日突然、仲間はずれになったし（ほんの一時期だったが）、暴走族時代は、ケンカで袋叩き、ボコボコにされたこともある。

高校をどうにか卒業し、暴走族を卒業して社会人になってからも、勤めていた会社でうらまれたり、立ち上げた会社が倒産しかかったり、信じてついてきてくれた仲間を守るために死を覚悟したこともあった。

あちこちで体中をぶつけながら、痛い思いをしながら自分なりに学び、気づいたことがたくさんあった。


考えが変われば行動が変わる。

行動が変われば習慣が変わる。

習慣が変われば性格が変わる。

性格が変われば人格が変わる。

人格が変われば人生が変わる。


これは、相田みつをさんの詩だ。

世の中では、「考えが変われば人生が変わる」という具合に、その間にある大切な過程を省略したがる傾向がある。

たしかにラクに成功できるならそのほうがいい。成長は早ければ早いほうがいい。

しかし、物事には順序がある。成長していくには段階がある。

目の前に現れた壁を乗り越えて、次々と現れる困難を順番にクリアしながら忍耐力と強さを身につけ、自分で（ここが大事）気づいていくことで初めて、人生が拓ける。


僕は、今となっては恥ずかしい限りだが、売られたケンカは買ってやる、相手をへこますまでは手は緩めない、そんな生き方、仕事の仕方をしていた。

法律やルールは破るためにある、などとうそぶいて、それがかっこいい生き方だと勘違いしていたこともあった。

しかし、会社存続の危機に直面したことを機に、僕は考えを変えざるを得なくなった。

そうした愚かな、おごった気持ちが、敵や悪いスパイラルを引き寄せ、結果、顧客をなくし、経営を悪化させ、会社を窮地に陥らせてしまったことを受け入れるしかなかった。

そんな暗中模索の時期に、先ほどの言葉に出会った。僕の心にストンと落ちたのだ。

そこで、考えを変えてみることにした。


必死で本を読み、諸先輩方の話を聞き、経営について、会社について、人生について勉強した。

すると、多くの人が掃除と笑顔、感謝について言及していた。

僕はまず、会社のトイレ掃除から始めた。その後、本社からその裏にあるサービスセンターの間（数百メートルくらい）の掃除とゴミ拾いを始めた。僕たちがいちばんお世話になっている場所くらい、自分たちの手できれいにしようと思ったのだ。

始めたはいいが、最初はつらかった。

誰が吸ったのかわからないタバコの吸殻、何が入っているのかわからない袋、吐き捨てたガム……。道路に落ちている様々なゴミを拾うのは、決して気持ちのいいものではないし、正直、イヤだった。自分だって捨てていたくせに、それは棚に上げて、ゴミを捨てた人間に文句を言っている自分がいた。

そして気づいた。

朝、ポイ捨てしたたばこが、帰るときになくなっていたのは、今まで誰かが掃除をしてくれていたのだと。

それからというもの、どんな小さなゴミでも路上に捨てることがなくなった。

掃除をすることも、だんだん楽しくなっていった。ゴミが溜まりやすいポイントを見つけるとうれしくなった。汚れているトイレを見るとワクワクするようになった。こんなにゴミを拾った、こんなに便器がきれいになったと、喜びを感じるようになった。

今では、やらせていただいている、という心境になっている。

さらにほかのことにおいても、させてもらえていること、していただいていることが見えてくるようになり、日々、感謝の気持ちを抱くことが増えてきた。

心持ちが変わり、少しずつだが、すなおに謙虚になった。会社の業績も安定し始め、そのうち売上が伸びていった。次々に優秀な社員が集まってきてくれるようになった。

考えを変え、行動を変えたら、習慣が変わり、性格、人格が変わった。さらに、人生が変わった。人としても、経営者としても、ありがたい状態になっている。

まさに、相田みつをさんの詩のとおりになったのだ。

伝説の経営者や成功者、そして現在をときめく経営者やビジネスパーソンたちも、「原因」＝考えが変わることと、「結果」＝人生が変わることの間の過程をおろそかにせず、時間をかけてしっかりステップを踏んできた。

むしろ、この過程にこそ、多くの時間と努力を費やしているといえる。人生の近道、つまりインスタントな気づき、学びに意味などないと知っているからだ。

だからこそ彼らは結果を出し、周囲から尊敬を集めることができているのだ。

これはなにも特別なことではない。誰もができることだ。

今自分がいるステージでできる「気づき」を得ることで、次のステージに向けて成長していくことができる。

ちなみに、様々な経営者が「気づき」を学ぶためにとトイレの掃除や街中のゴミ拾いを推奨しているが、それはこの行為が「気づき」＝「気配り」「相手がしてほしいことを察知して行動する」という成功の法則の原点を磨く唯一の練習だからではないかと、僕は考えている。

専門的なことはわからないが、「気づき」を司る脳神経などがこのトイレ掃除やゴミ拾いと同じ脳神経を使っているように、実際やってみて思うからだ。

誰だって面倒な行為はしたくない。ましてや、ボランティアだなんて。

でもだからこそ、その考えを変えて行動することで得られること、わかることがある。

ダマされたと思って（ダマすつもりは毛頭ないが）、一度、試してみてほしい。

05 心をコントロールした者が世を制す

生きていると、期せずして心を乱される出来事に出会うものだ。

このとき、いかに平常心を保つかで、その後が変わってくる。

平常心を失うと、判断が揺らいだり、自信を失ったり、目の前で起きている出来事、かけられた言葉を歪《ゆが》めてとらえたりと、その本人の中で負のスパイラルが起きてしまう。

それだけではない。

周りも大きく変わる。

たとえば僕は社長だから、僕の心が乱れることで、社員に動揺を与えてしまい、結果、会社の状況が望ましくない方向に行く危険をはらんでいる。実際、僕の心が揺れっぱなしだったとき、会社を倒産させそうになったこともある。

暴走族では、まだ僕が下っ端のときに、先輩の顔色を見て僕たちの状況を把握したり、行動をとったりしていた。敵対するチームの様子もそのアタマの表情が貴重な情報だった。だから自分が上になったときも同様だと思っていた。

そのことをイヤというほど知っているからこそ、日ごろから感情をそのまま表に出すことはしない（うれしい、楽しい、ハッピーだ、などの前向きな気持ちは素直に出すが）のだが、それでも、心の乱れは、どんなに強い意志で隠そうとしても伝わってしまう。

そこで、僕は心を鍛えることにした。

といっても、方法がわからないから、ある本で学ぶことにした。その本には次のようなことが書かれていた。

「心に波風を立てることは、自分の利益にならない（略）
すべてが自分の心次第で素晴らしい未来がつくれる」

同期が昇進したとき、

「自分のほうが優秀なのに先を越された。上司は見る目がない。悔しい。もうダメだ」

と思うか、

「今回は先を越されたけど、もっと頑張って今度は追いつき追い抜くように努力しよう」

と思うか。

この一瞬の思いで人生は一つの方向に動く。でもそれを調整するのは、なかなか難しい。

だったら、とっさに思ってしまったことは仕方ない。ただ、

「悔しい。でも今回は先を越されたけど、追いついて、次は追い抜くように努力しよう」

と、軌道修正すればいいのだという。


そこで思いついたのが、「おっといけない」だ。

「悔しい。もうダメだ――。『おっといけない』」

「どうせ俺なんて……。『おっといけない』」

少しでもマイナスの言葉が浮かんだら、「おっといけない」と、心の中で口にする。

心を乱されるような出来事が起きても、「どうして僕はこんな……。『おっといけない』」

と言うことで冷静になれる。一度冷静になると、不思議なことに、落ち込もうにも落ち込

めなくなる。

マイナスの感情で心が埋め尽くされることもなくなってきた。

人は案外、たくましいのだ。

悲しい、つらい、落ち込む……。こういったマイナスの感情が悪いといっているわけではない。人として必要なものだし、大事な気持ちだ。

ただ、マイナスの感情はマイナスの事象を引き寄せ、とらわれたり取り込まれたりすることで、周りをも巻き込んで、大きなマイナスのスパイラルをつくりあげてしまうことも事実だ。

必要なのは、心のコントロールができる自分であることだ。

06 自分以外が見えているか

僕の家族は、親父もおふくろも、代々クリスチャンの家系だ。当然僕も、小さい頃からクリスチャンだ。といっても、僕はあまり熱心な方ではないのだが。

僕の伯父、白柳誠一は、大学の神学科を卒業後、司祭を叙階され、カトリックの東京大司教を長く務めた後、1994年に、第264代ローマ教皇のヨハネ・パウロ2世から親任され、日本人で4人目の枢機卿となった（2009年に帰天）。

伯父はやさしい人だったが、僕にとっては遠い存在だった。親戚やおふくろから「大司教に迷惑がかかるようなことは絶対しないでくれ」とさんざん言われていたから、優秀な伯父という存在自体が苦痛でしかなかったのだ。

伯父は、「雅文は大丈夫か？」とよく心配してくれていたらしいが、当時の僕は知る由もなかった。

伯父との距離が近づいたのは、伯父が枢機卿に親任された頃からだ。僕が30歳で会社を始めて7年目の頃だ。

式典に出席するため、親戚一同でローマに行くことになった。せっかくだからと、僕もついて行くことにした。

式典は厳かに行われた。日本からも親戚以外にもたくさんの関係者が参列した。

その後のパーティーで、僕は伯父の動きや気配りを見た。

日本から100人近くの参列者がいたのだが、そのすべての方に対して真摯に対応し、感謝を伝え、どんなに賛辞を述べられても偉ぶることがなかった。

さらに、すべての出席者の食事の進み具合を常にチェックし、グラスの空き具合を把握しては、給仕係に声をかけていた。その間も、次から次へと話しかけられているのだが、聞き落とすことなく答えていた。

僕は伯父をずっと見ていた。すると、それに気づいた伯父が僕に目配せをしてきた。ふと目線を下げると、隣の席の方のグラスが空きかけていた。僕はすぐに給仕係を呼んだ。それからは、伯父のアイコンタクトで僕が対応するという流れが、無言のうちにでき上がった。その後数時間、伯父と僕は同じチームだった。ちゃんと話したこともないのに、わかりあえている気がして、とてもうれしかった。

伯父のアイコンタクトは、パーティがお開きになるまで続いた。僕は悟った。これだけの気遣いができる伯父だから、人々に信頼される枢機卿になれたのだ。

暴走族の先輩方やIさんに教わったとおり、やはり気遣いがいちばん大切なのだとあらためて感じたのだった。

たとえば、あなたが仕事で疲れて帰ってきたとする。

このとき「もうすぐ帰ってくると思っていたからお風呂を沸かしておいたよ！」と言ってくれるのと、「風呂沸かしてくれる？」とあなたが言ってはじめて動いてくれるのと、どちらがうれしいだろうか。

ほとんどの人が前者だろう。次に相手が疲れて帰ってきたとき、自分も同じようにやってあげようと思うのではないだろうか。

人はしてもらったことを覚えているものだ。そして、よくしてもらったらよく返そうとするものだ。
人に与えることができる人は、たくさんの人に感謝され、同じように与えてもらえる。支えてもらえる。
まずは、周りの人々に目を向けてみよう。そして与えよう。

人がいて自分がいる。

そのことは忘れないでほしい。

07 手放さなければ何も入ってこない

あなたが今、手にしているものをすべて手放せば幸せになれる、と言われたとしよう。

さて、あなたは、自分の持ち物をすべて手放せるだろうか。

一度手に入れたものを手放すには勇気が必要だ。

すべてが難しいなら、今、お財布の中に入っているお金を手放せばよい、と言われても、
おそらくほとんどの人が断るだろう。


成功している人が必ずといっていいほどやっていることがある。

それは、恵まれない方、社会福祉や地域の役に立つこと等に寄付することだ。

成功をしてお金があるから寄付しているわけではない。お金がない頃から、少しずつ寄付してきているのだ。

このことを知る前から、僕もたまたま寄付やチャリティーをしてきた。

仲間たちとNAC（ナック福祉協議会）というグループを立ち上げ、クリスマスチャリティーパーティをしたり、会社として、毎年、地元の社会福祉協議会に寄付したりしている。

寄付を始めたのは、ほんのささいな気持ちからだった。

自分で働いたお金ではじめて寄付をしたのは、19歳のときだ。募金箱にそのとき持っていた小銭――たぶん1000円もなかったと思う――を入れた。

それからちょこちょこ寄付をするようになった。

きっかけは、親友のひと言だった。

「俺は老人のオムツを変えたりはできない。でも、オムツを買うためのお金は寄付できる人間でいたいんだ」

僕はドキッとした。

そして、それなら僕にもなれると思った。もちろん、常に清々しいさわやかな気持ちで寄付できていたわけでない。

このお金があれば、牛丼食べられるんだけどなあと思いながら募金箱に入れたこともある。ただ、どうにかこうにか続けることができた。だんだんと寄付できる額も増えている。


ある経営者が僕にこんな話をしてくれた。

「昔のお風呂は、温度設定なんてできないから、入ったら上のほうは熱いけど下のほうが水だったなんてよくあったでしょ。

そういうとき、ほとんどの人が熱いお湯が出ているところからその熱い湯を自分のほうにかき寄せるよね。

でも、その熱い湯を押しても必ずお風呂の中で自分に返ってくるでしょ。人生もそういうものだよ。

人の上に立つ人間になりたいなら、熱いお湯をみんなのほうにまず押し出しなさい。先に人に熱い湯を与えるんだよ。そうすれば、めぐりめぐって必ず自分のところに熱いお湯が戻ってくる。そのことを忘れずに生きていきなさい」

経営者として過ごす中で、僕はこの「お風呂の法則」のすごさを知った。社会の中でリーダーとして活躍する人や成功した経営者の多くが、この法則を知っていたうえに、実践していたからだ。

人の上に立つ立場になっていきたいなら、恐れずにまずは手放すことだ。
あなたが持っているものを、誰かに与えることだ。
それは必ず、あなたにとって必要なカタチで返ってくる。

お金は誰にとっても大切で、必要なものだ。人によっては、命の次に大切なものだろう。その大切なお金を自分のために使わず、世の中に還元するのは、なかなか難しいことかもしれない。

でも、これができれば人間性が高まり、人間として正しい行動ができるようになる、と僕は考えている。

寄付をし続けることで、人として成長でき、人として成長することで、小さいながら成功できるようになる。

結果、幸せになる確率が高まる。これは真実である。

08
もったいないお金ともったいなくないお金

２００８年４月、僕のもとに人気テレビ番組「行列ができる法律相談所」から第１回の「１００枚の絵でつなぐカンボジア学校建設プロジェクト」の招待状が届いた。

家族や社員に応援され、意気揚々と会場に出かけたのだが、先ほどお話ししたとおり、あと一歩のところで絵を競り落とせなかった。

家に帰ると子どもたちが抱きついてきて、「なんでダメだったの？」と質問攻めにあった。

「お父さんより『カンボジアに学校をつくろう』と思う気持ちの強い人がいたんだよ」

と説明したのだが、よほど悔しかったのだろう。

「なんで？」

「どうして？」

と、ずっと僕から離れることなく、そのまま疲れて居間で寝てしまった。僕はいちばん下の子どもも風雅《ふうが》を抱きかかえ、ベッドに運びながら謝った。

「せっかく出かけるときにキスまでしてくれたのに、ごめんね」

その翌日、会社の朝礼でオークションの報告をした。みな一様に残念がっていた。うちの会社がカンボジアの学校の建設に少しでも協力できるかもしれないと期待してくれたみんなに申し訳なく思った。

僕の報告を聞いて黙りこくっている社員たちに向かって、

「今回はできずに夢と終わったけれど、また違うカタチで社会貢献しましょう」

と専務が締めくくった。

あらためて、自分は周りのそうした人に支えられていることを感謝したい気持ちでいっぱいになった。

それからまもなくして、第1回の「100枚の絵でつなぐカンボジア学校建設プロジェクト」のオークションの様子がテレビでオンエアされた。

僕が札を上げながら「360万！」と叫んでいるシーンも流れた。

人気番組だけあって、それを観た友人、知人などから連絡が入った。

さらに、いろいろなところから問い合わせがあった。

そのうちのひとつに、お台場でリゾート権を売る会社があった。オークションで絵を買う余裕があるなら、ぜひ会員権を買ってくれということらしい。

他人から見たら、1枚の絵ごときに360万円を払える人間だと映るのかもしれない。

しかし僕にとって360万円というお金は、カンボジアに学校をつくるためであればまったく惜しくないが、自分の欲求を満たすためにポンと出すことができるものではない。

すぐにお断りをさせていただいたのだが、相手の営業マンからすると、僕の説明が理解できないようだった。何度も粘られてしまった。お得物件なのにもったいない（買えるお金があるのに……）と。

自分の欲望のためにお金を使うことは悪いことではない。

ただ、そのお金を使うことで、本当に自分がうれしいと思えるか、幸せを感じられるかが大事だ。

僕は360万円でチャリティに参加できるなら、そんな幸せなことはないと考えた。だから躊躇なく札をあげられた。

でも、リゾートの会員権を持つことに、価値を見いだせなかった。ステータスがあがるかもしれない、かっこいいことなのかもしれない。でも、それがなんだろう。そう思ったからお断りをした。

もし話を聞いて、ワクワクドキドキしたら、家族や仲間、社員の笑顔が思い浮かんだら、結論は違っていたかもしれない。

お金の額は同じでも、価値は人の考え方によって変わる。

誰に何を言われても、自分にとって価値のある使い方をすればいいのだ。

09 いい言葉は最強のお守り

「いい言葉がいい人生をつくる」

著名な精神科医であり作家であった故・斉藤茂太先生の言葉だ。

言葉は人を癒し励ます最強の特効薬にもなれば、暴力、人を傷つける凶器にもなる。

そして、自分が発した言葉は、巡り巡って自分に返ってくる。

19歳で鑑別所に入ったとき、同室にO次郎君という14歳の子がやってきた。彼の中学校は校内暴力が激しく、生徒が教師に暴力を振るうのが日常化していた。そんな中、教師が生徒をナイフで刺すという事件が起きた。テレビなどメディアでも大きく報道されたのでご記憶の方も多いだろう。先生が逮捕されたのは当然のことだが、警察は問題行動を起こしていた生徒たちを根こそぎ逮捕し、鑑別所に収容した。その中のひとりがO次郎君だった。

5歳も年が離れていたO次郎君を、僕は弟のようにかわいがった。彼も僕を「シー君」と呼んでなついてくれた。

鑑別所には短くて2週間、最長で4週間入所する。心理テスト、学力テスト、カウンセラーとの面談、日記や作文などの課題をするのだが、合間は結構、時間がある。僕たちはたくさん話し、たくさん笑った。「静かにしろ」と教官によく怒られたものだ。将来についても語った。鑑別所なんて場所にいたにもかかわらず、2人ともなぜか前向きだった。

数週間後、O次郎君が先に出所した。それ以来、会うことはなかった。

数年前のことだ。知り合いのハウスメーカーの店長から連絡があった。

「O次郎君という人、知っている?」

思い出が鮮やかに蘇ってきた。それがきっかけで、彼と会うことになった。

28年ぶりに再会したO次郎君は、すっかり立派な大人になっていた。会社を経営しているという彼はとても頼もしく、僕はとてもうれしかった。そう伝えると、彼が言った。

「あのとき、シー君が僕に話してくれたこと、覚えていますか？」

「？」

正直、何のことかわからなかった。O次郎君はにっこりすると、こう続けた。

「『暴走族をやるなら絶対にアタマを張れ、ヤクザには絶対なるな、かっこいい男になれ。仲間は絶対裏切るな』

そういう話をしてくれました。だから僕は、あのときに言われたことを全部守ってきたんです。暴走族のアタマを張って、ヤクザにならず（笑）、今は会社を経営しています。

もちろん仲間を大事にすることも忘れずに。

ずっとシー君を目標にやってきました。いつか絶対会えると思っていたから。こうして再会できて、シー君が社長をやっていて、すごくうれしい」

その言葉に、僕は涙腺が緩みそうになった。

彼の未来を応援し、少しでも自分の経験が役に立てばと、僭越ながら当時の自分が大事だと思っていたことを伝えた。それが、彼の人生の一部になっていたというのだから、頼れる兄貴（になりたい男）として、うれしくないわけがない。

もしあのとき、やさぐれて、後ろ向きのことばかり言っていたらと思うとぞっとする。

14歳という年齢で鑑別所に入るような人間に対し、世間は冷たい。苦労もたくさんしてきたはずだ。そんなとき、自分が歩んでいく指針や道しるべとなる存在もなく、暗い情報しかなかったら、彼の人生は違う方向に進んだかもしれない。

そして、そんな後ろ向きの言葉しか言えなかった自分もまた、前向きに生きていくことはできなかっただろう。


ひとつの言葉が、ひとりの人間の人生を変えてしまうことがある。

そして必ず、あなたが発した言葉は、巡り巡ってあなたにも返ってくる。

なぜなら言葉を発しているあなたもまた、その言葉を聞いているからだ。

マイナスの言葉、ネガティブな言葉、人を傷つける言葉は、何も生み出さない。

いい言葉は、聞く人も発する人もいい気持ちにする。

「天国に行く言葉」と「地獄に行く言葉」だ。

誤解しないでほしい。何もお世辞や口当たりのいい言葉ばかりを口にしろと言っているわけではない。悪意のある言葉の使い方をするなと言っているのだ。

言葉が人をつなぎ、運を引き寄せ、自分も人も幸せにする。言葉を大事にしよう。

10 神様を味方につける

コンビニでいつも買うアイスクリームがあったとする。値段は100円だ。

ある日、アイスクリームを買わずに、100円をコンビニにある募金箱に入れた。この100円が世の中の役に少しでも立ちますようにと願って。

すると、寄付したことを忘れた頃、友人がそのアイスクリームをたくさん買って訪ねてきてくれた——。

そんな不思議なことがこの世には起きる。

たまたまだといってしまえば、そうかもしれない。

僕はこれを、神様からのプレゼントでありチャンスだと考えている。

AさんとBさんは、同じような環境で10万円の給料をもらっている。

Aさんは「俺が１００万円の給料もらっていれば10万円寄付するのに」といつも言っているが、一度も寄付したことがない。

一方、Bさんは、どうにかやりくりしながら毎月１万円寄付している。

神様は間違いなく、10万円の給料でも10分の１を寄付する心構えを持ったBさんにチャンスをくださる。

Aさんは、たとえ１００万円をもらえるようになっても10万円の寄付をしないこと、一方Bさんは、１００万円の給料になったら10万円の寄付はもちろんのこと、それ以上のことをすると、神様は知っているからだ。

自分のできる範囲であったとしても、誰かのために動くことができる人に、神様はチャンスをくださるのだ。

誰かを思い、誰かの幸せを願い、そのために行動する。

もちろんそれは、寄付でなくたっていい。

ちょっとした行動、気遣い、言葉かけ、なんでもいい。

その行為が、誰かにとっては、神様からのプレゼントであり、チャンスになる。
あなたの行動に神様が味方したのだ。
誰かの幸せを願って行動するたびに、神様はどんどんあなたの味方になる。
神様を味方につけた人が、この世では成功できる。

これは普遍の事実だ。

常に人が喜ぶことを、先回りして行い、自分よりまず人のために商売をし、生きている人――。

親友であり兄弟分でもあり、今はビジネスパートナーでもある丸尾孝俊さんのことを、僕はそう思っている。

作家のクロイワ・ショウさんの紹介で、僕たちは出会った。丸尾さんは『出稼げば大富豪』というクロイワ氏の著書の主人公で、「兄貴」と呼ばれている人だ。

母と生き別れ、父親と2人で生活していたものの、虐待《ぎゃくたい》を受けたり放置されたりと壮絶な少年時代を過ごし、10代で大阪の暴走族の総長《アタマ》となる（どこかで聞いた話だ）。その後、会社勤めを経て20代後半でバリ島へ渡る。ところが、人助けばかりしていたので一文無しになってしまう。しかし、人助けをしていた人とのご縁から不動産で大成功し、今や従業員5000人、総資産4000億円の大富豪となった。

彼の周りにはいつも笑顔があり、人が集まっている。さらに様々なチャンス（神様からのプレゼント）がやってくる。

丸尾さんが以前、こんな話をしてくれたことがある。

「こっちにきてまだまもない頃、土地を買いに行ったとき、その村の長老が言ったんだ。『この土地は戦争当時、日本の兵隊さんたちの宿営場だった。僕は彼らにとてもかわいがってもらった。だから、いつかここに日本人が来ると思って待っていた。それがあなただ』と。びっくりした。でもそのおかげで、自分がここに来た意味、すべきことがわかったんだ。神様や日本の先輩たち、ご先祖様を裏切るようなことは絶対にしない」

おそらく、この決意を神様や日本の先輩たちは見ていたはずだ。

だからこそ、丸尾さんは日本から遠く離れた、決して裕福とはいえないこの地で、ビジネスで成功できたのだと思う。

バリもまた、神様の地だから、強力な味方がついたのだろう。

成功し続ける人、経済面だけの成功ではなく人間としても幸せで心豊かな人の共通点を、僕なりに挙げると次の3つだ。

- 世の中のためになることをする
- 人をダマしたり、傷つけたりしない
- 感謝を忘れない

言い換えると、この3つをしていくだけで人は幸せに生きることができる。

これは、「神様のルール」といってもいいと、僕は考えている。


こんな最後になっていうことでもないけれど、僕は「神様」がいると信じている。

もちろん会ったことはないし、科学的には説明できないけれど、たしかにいる。信じるというより、受け入れざるを得ないといったほうが正しいかもしれない。

僕は、神様が自分の心の中にいるのだと思っている。


本当の敵は自分の中にいる、とすでにお話ししたが、実は神様も心の中にいる。

だから、神様はすべてお見通しだ。

ちょっとズルをしたとき、ちょっと自分の心を欺《あざむ》いたとき、おそらく「バチがあたったかも」と思うようなことに出くわした経験はないだろうか。

自分を欺くということは、自分の心の中にいる神様を欺くということ。

自分にウソをつくことは、神様を裏切るということ。

神様をダマすようでは幸せな人生は望めない。

自分の心にすなおになろう。

自分の人生に向き合おう。

自分が存在する世界に真摯に向き合おう。

自分が存在する世の中のためにできることをしていこう。

おわりに

最後まで本書を読んでいただき、ありがとうございました。心より感謝申し上げます。

過去の暴走族のことは、現在思うと、肯定できる生き方ではありませんでした。当事ご迷惑をおかけした皆様、あらためて心よりお詫びを申しあげます。

この本の販売による私に対する収益は、八王子市社会福祉協議会、社会福祉法人八栄会、公益法人ＳＡＪに全額寄付させていただきますことを、ここにお約束します。

本書を出版するにあたってお世話になった方々、また、私がこの50年という人生の中でお世話になった方々に、この場をお借りして心より感謝をお伝えさせていただきたいと思います。

北島三郎さん、雅子奥様、今回は大変お世話になりました。

（以後、順不同・敬称略とさせていただきます）

ジャッキー・チェーン、萩生田光一、渡邉美樹、坂本光司、金山良雄、長谷川公彦、李闘士男、小園浩巳、梶本修身、丸尾孝俊、大崎洋、岡本昭彦、吉田正樹、滝藤雅朝、石岡祐司、三枝孝充、佐藤明、關根清隆、井上篤、ルイス、中川直洋、門倉裕、梅田友章、平野一男、酒井正和、藤野英人、山近義幸、檜山竹生、白石徳生、宮森宏和、平澤優実、大隅晃、千葉久公、黒岩将、鳥濱初代、大華、秋山竜二、小山雅之、田中隆司、広瀬智一、福安徹、伊藤祥広、会社の仲間たち、皆さんお世話になりました。

紙面の関係上お名前を載せられない方ごめんなさい。

家族である妻 直美、広賢、茜佳梨、葵樹、瑛人、風雅、美香、朱花、いつもありがとう。


最後に。

「お前が偉くなれて、本を書くことができるようになったとしても、子どもの頃、貧乏だったことだけは絶対に書かないでよ」と、言い続けて今年の2月に亡くなったおふくろ。

ごめん、また約束やぶっちゃったよ。

白柳雅文

著者紹介

白柳雅文（しらやなぎ・まさふみ）

株式会社エイト代表取締役社長
日々の食事に困るほど貧しい家に生まれ育ち、中学で不良グループに。その後、八王子で有名な暴走族のアタマ（8代目総長）となる。暴走族を卒業後、運送業の会社で働き始める。あるとき、このままでは自分もそして周りの人間も幸せになれないと感じ、一念発起して23歳で起業。1億円の赤字を抱え潰れそうになったこともあったが、神風に助けられ、以降、経営の勉強を始める。現在は、資本金1億円、年間売上約31億円、従業員数756名の会社にまで成長させた。

本業のほか、ボランティア活動（日本テレビ『行列ができる法律相談所』でのチャリティーイベントにも参加し、絵画を落札）、地域を盛り上げる活動も行っている。仲間に誘われ馬主にも。

経済界、政界、芸能界など、交友関係も広い。

座右の銘は「考えが変われば行動が変わる。行動が変われば習慣が変わる。習慣が変われば性格が変わる。性格が変われば人格が変わる。人格が変われば人生が変わる」。

一流《いちりゅう》になりたければ、
エリートより落《お》ちこぼれに聞《き》きなさい　〈検印省略〉

2014年　9　月　21　日　第　1　刷発行

著　者——白柳　雅文（しらやなぎ・まさふみ）
発行者——佐藤　和夫

発行所——株式会社あさ出版
〒171-0022　東京都豊島区南池袋 2-9-9 第一池袋ホワイトビル 6F
電　話　03 (3983) 3225（販売）
　　　　03 (3983) 3227（編集）
F A X　03 (3983) 3226
U R L　http://www.asa21.com/
E-mail　info@asa21.com
振　替　00160-1-720619

印刷・製本　美研プリンティング（株）

facebook　http://www.facebook.com/asapublishing
twitter　http://twitter.com/asapublishing

ISBN978-4-86063-703-3 C2034